Où est Mari

D0292577

Lisa Ray Turner et Blaine Ray

Adaptation française de
Donna Tatum-Johns

Rédaction de
Monique Gregory

Deuxième niveau - Livre B
la deuxième nouvelle dans une série de quatre pour
lycéens de deuxième ou troisième annèe

Blaine Ray Workshops
8411 Nairn Road
Eagle Mountain, UT 84005
Tollfree phone: (888) 373-1920
Tollfree fax: (888) RAY-TPRS (729-8777)
E-mail: BlaineRay@aol.com
www.BlainerayTPRS.com

et

Command Performance Language Institute
28 Hopkins Court
Berkeley, CA 94706-2512
U.S.A.
Tel: 510-524-1191
Fax: 510-527-9880
E-mail: info@cpli.net
www.cpli.net

Où est passé Martin ?
is published by:

Blaine Ray Workshops,
which features TPR Storytelling™ products and related materials.

&

Command Performance Language Institute,
which features Total Physical Response products and other fine products related to language acquisition and teaching.

To obtain copies of *Où est passé Martin ?*, contact one of the distributors listed on the final page or one of the publishers whose contact information is on the title page.

Vocabulary by Margaret F. Smith and Contee Seely

Cover art by Pol (www.polanimation.com)

First Edition published April, 2005
Second printing August, 2006
Third printing September, 2008
Fourth printing December, 2009
Fifth printing August, 2011
Sixth printing June, 2013
Seventh printing September, 2014

ISBN-10: 0-929724-91-7
ISBN-13: 978-0-929724-91-1

Chapitre un

La vie de Catherine Banks était parfaite. Absolument parfaite. Pourquoi sa vie était-elle parfaite ? C'était la fin de l'année scolaire. Hier, c'était le dernier jour de cours. Elle était contente parce qu'il n'y avait plus de livres à lire. Elle n'avait plus d'examens à passer. Elle n'avait plus de devoirs à faire. Elle n'avait plus de dissertations à écrire. Et en plus, elle n'était plus obligée de manger à la cantine de l'école. Finalement, elle pouvait penser à l'été. Elle pourrait enfin passer des après-midi agréables à la piscine, aller à son parc préféré qui se trouve sur les bords de la rivière, ou au centre commercial. Et surtout, elle pourrait enfin faire la grasse matinée.

Le seul ennui de Catherine était son travail au McDonald's. Mais après tout, ce n'était pas si mal que ça. Elle ne travaillait que deux ou trois jours par semaine. C'était un travail facile à faire. Elle vendait des hamburgers, des frites et de la glace. Il n'y avait qu'une

chose qu'elle détestait : les clients désagréables. Il y avait des gens qui se plaignaient de
tout. Ils trouvaient qu'il y avait trop d'oignons
dans les hamburgers et pas assez de moutarde. Ils trouvaient que les frites n'étaient
pas assez cuites ou qu'il n'y avait pas assez de
sel. Mais, c'était quand même beaucoup plus
facile de travailler au MacDo que de faire des
devoirs pour les cours du lycée. C'était beaucoup plus facile de travailler là que d'aller en
cours tous les jours. C'est bien simple. Catherine était vraiment heureuse que ce soit
finalement l'été. Elle aimait l'été. C'était sa
saison préférée.

Catherine habitait à Louisville dans le
Kentucky avec sa mère Renée. Elle n'avait ni
frère ni sœur. Son père n'habitait plus à la
maison. Son père lui manquait beaucoup,
mais elle était heureuse parce qu'elle vivait
près de fermes où il y avait beaucoup de chevaux et elle adorait les chevaux. Son grand-
père lui avait acheté un cheval quand elle
avait trois ans. Elle l'avait appelé Barney. Elle
l'aimait beaucoup mais son papi, qui avait
gardé Barney, n'habitait pas près de chez elle.
Elle rêvait du jour où elle pourrait avoir Bar-

ney auprès d'elle. Elle aimait aussi aller au cinéma avec ses amis et passer des heures au café et au restaurant avec eux. Elle avait prévu de bien s'amuser pendant les trois prochains mois. Elle savait que le temps passait vite en été et elle voulait en profiter.

C'était le premier jour des grandes vacances et son amie Susie lui a téléphoné :

— Salut, Catherine.

— Salut, Susie. Comment ça va ?

— Ça va bien, a répondu Susie. Je suis tellement contente que les cours soient finis. J'ai l'intention de bien m'amuser cet été. Est-ce que tu veux venir chez moi cet après-midi ? On pourrait peut-être écouter de la musique. J'ai un nouveau CD.

— D'accord ! a dit Catherine. Je serai chez toi dans une demi-heure. Alors, à tout de suite. Ciao !

Les deux filles ont raccroché.

Catherine a mis le nouveau short et le tee-shirt rouge qu'elle avait achetés chez Old Navy. Puis, elle s'est coiffée. Catherine avait les cheveux courts et blonds et elle avait les yeux bleus. Elle s'est regardée dans le miroir de la salle de bain. Elle se trouvait belle. Ses che-

veux étaient brillants. Sa peau était nette—
pas de boutons aujourd'hui. Ses nouveaux
vêtements étaient cool et ils lui allaient très
bien. La vie était belle.

Catherine sortait quand sa mère arrivait.
Sa mère était accompagnée d'un petit garçon.
Il avait l'air d'avoir six ou sept ans. Catherine
ne connaissait pas le garçon. Il portait un tee-
shirt blanc qui était si sale qu'on aurait dit
qu'il était marron et un jean trop court. Son
jean était troué aux genoux. Il avait les cheveux blonds et les yeux bleus. Il était mignon
sauf qu'il avait des taches rouges tout autour
de la bouche. On aurait dit des taches de Kool
Aid, comme s'il avait bu un litre de Kool Aid
avant d'arriver.

La mère de Catherine l'a vue prête à partir et lui a dit :

— Mais où vas-tu, ma chérie ?

— Je vais chez Amélie. Nous allons passer
un peu de temps ensemble. Elle a un nouveau
CD et nous allons l'écouter.

— Je ne crois pas, Catherine.

— Que veux-tu dire ? a demandé Catherine. Qu'est-ce que tu veux dire par « Je ne
crois pas » ?

— Ecoute, Catherine, il faut que nous parlions.

Et puis sa mère a souri. C'était le même genre de sourire qu'elle lui faisait deux ou trois jours avant son anniversaire. C'était le même sourire qu'elle lui faisait la veille de Noël, avant d'aller à l'église. C'était le même sourire qu'elle lui faisait quand Catherine avait de bonnes notes à l'école. Catherine connaissait bien ce sourire.

Sa mère était contente. Mais, ce n'était pas Noël. Ce n'était pas non plus son anniversaire et ses notes à l'école n'étaient pas bonnes. Elle avait eu un C en histoire et un C- en anglais. Elle suivait des cours beaucoup trop difficiles pour elle.

— J'ai une bonne nouvelle pour toi, Catherine, lui a dit sa mère. Mais d'abord, laisse-moi te présenter mon ami.

La mère a regardé le petit garçon et lui a dit :

— Martin, je te présente Catherine, ma fille.

Le petit garçon lui a fait un grand sourire. Il avait du chocolat plein les dents. Il lui a tendu la main, mais elle était aussi couverte de chocolat. Catherine espérait que c'était du chocolat et pas autre chose.

— Enchantée, a dit Catherine. Mais, Catherine n'était pas sincère.

Pour Catherine c'était loin d'être agréable. Martin était sale et il sentait des pieds. Catherine n'avait ni frère ni sœur, alors elle ne comprenait pas les enfants. Catherine ne gardait jamais d'enfants comme le faisaient les autres filles au lycée. Elle avait dix-sept ans— bien trop vieille pour garder des enfants. En plus, elle n'avait pas le temps de garder des enfants parce qu'elle était beaucoup trop occupée. Elle n'avait pas l'habitude d'être avec des enfants. Elle n'avait pas l'habitude des manières des petits garçons. Les petits garçons lui semblaient bizarres. Ils étaient trop bruyants. Ils étaient trop sales. Ils aimaient les choses bizarres. Ils aimaient les montres laides, les super héros et toutes les choses bizarres. Les jeunes garçons ne savaient pas apprécier les choses importantes de la vie. Ils n'apprécaient pas les vêtements chics qui venaient d'Europe. Ils n'appréciaient pas les nouvelles coiffures. Ils n'aimaient pas le maquillage et ils n'aimaient pas faire les magasins.

— Très bien, maman, a dit Catherine. Maintenant, je vais chez Amélie, d'accord ?

— Un moment, Catherine, attends un peu, s'il te plait. Souviens-toi que j'ai quelque chose à te dire.

Sa mère n'était plus tellement contente maintenant.

— Ah oui, maman, j'avais oublié. J'avais oublié que tu avais une bonne nouvelle à me dire. Qu'est-ce qu'il y a ? Qu'est-ce qui se passe ?

— Catherine, va faire ta valise. Tu vas faire un voyage.

— Un voyage ? a demandé Catherine.

Bien sûr, un voyage était bien mieux qu'une visite de sa tante qu'elle appelait avec affection « Nana » et qui habitait à Lexington. Sa tante était gentille, mais elle aussi sentait des pieds.

— Chouette. Un voyage ? a-t-elle demandé.

— Tu vas à la Guadeloupe, lui a répondu sa mère.

— La Guadeloupe ? Moi ? Je vais à la Guadeloupe ? J'hallucine !

Catherine a réfléchi un instant. Que sa-

vait-elle de la Guadeloupe ? Pas grand-chose.
Mais elle était quand même contente d'y aller.
Catherine aimait beaucoup voyager. Elle était
allée au Mexique il y a deux ans et au Canada
il y a cinq ans. Elle avait visité le Grand Can-
yon qui se trouve dans l'Arizona et la grande
ville de Chicago. Elle aimait prendre l'avion et
visiter de nouveaux endroits. Elle aimait rencontrer des gens qu'elle ne connaissait pas et
elle aimait visiter les autres pays. Elle aimait
beaucoup voyager, mais elle n'avait jamais
imaginé qu'elle pourrait aller à la Guadeloupe. La Guadeloupe ! Quelle chance !

    Catherine supposait que la Guadeloupe
était belle et très différente de la ville de Louisville.

    — Ce n'est pas possible, a dit Catherine.
J'ai du mal à y croire. Je ne peux pas croire
que moi, je vais aller à la Guadeloupe. C'est
vrai, maman ? C'est possible ? Pourquoi ?
Comment ? Quand ? Comment est la Guadeloupe ?

    — La Guadeloupe est une île magnifique, a
répondu sa mère. Moi, je serais heureuse d'y
aller. Tu as vraiment de la chance.

    — La Guadeloupe est une belle île. Je sais

que ça va beaucoup te plaire, lui a dit Martin.

Qu'en savait-il, lui ? Il n'était qu'un enfant. Il n'avait que sept ans. Que pouvait-il donc savoir de la Guadeloupe ? Catherine était un peu agacée par ce gamin aux lèvres rouges et aux vêtements sales et qui osait se mêler de son aventure.

— Dis, maman, comment ça se fait que j'aille à la Guadeloupe. Je ne connais personne là-bas. Je n'ai aucune amie qui pourrait y aller avec moi. On n'y va pas en famille. Je n'y vais pas pour l'école. Donc, comment se fait-il que j'aie la chance d'y aller ? a demandé Catherine.

La mère de Catherine a souri. C'était un très grand sourire.

— Tu connais au moins une personne qui vient de la Guadeloupe, a répondu sa mère. Puis, elle a pris la main de Martin et il lui a fait un sourire. Martin vient de la Guadeloupe. Ou, du moins, sa mère vient de la Guadeloupe.

— Tu rigoles ! a dit Catherine. Sa voix tremblait beaucoup. Elle avait l'air d'avoir très peur.

— Laisse-moi t'expliquer, ma chérie, lui a

dit sa mère.

— La mère de Martin est de la Guadeloupe, mais maintenant elle habite ici dans le Kentucky. Elle travaille avec moi à l'hôpital comme infirmière. La mère de Martin veut qu'il aille à la Guadeloupe pour qu'il rende visite à ses grands-parents.

Catherine ne comprenait rien. Qu'est-ce tout cela avait à voir avec elle ? Pourquoi la mère de ce gamin ne l'accompagnait pas à la Guadeloupe ?

— Et alors ? a demandé Catherine. Qu'est-ce que je viens faire là-dedans ?

— Bon, je vais tout t'expliquer. Je vais te dire ce qui te concerne, lui a dit sa mère.

— La mère de Martin est célibataire. Elle travaille à l'hôpital, comme je te l'ai déjà dit, mais elle ne peut pas avoir de jours de congé pour aller à la Guadeloupe et Martin est trop jeune pour y aller tout seul.

— Et alors ? a dit Catherine. En quoi ça me concerne ?

— J'ai parlé à la mère de Martin et je lui ai dit que tu parles français. Je lui ai dit que tu as dix-sept ans et que tu es très responsable. Je lui ai dit aussi que tu adorais les enfants.

— Quoi ? J'adore les enfants, moi ? a dit Catherine assez surprise.

Catherine a regardé Martin et puis elle s'est tournée vers sa mère et lui a chuchoté à l'oreille :

— Maman, tu sais bien que je n'aime pas les enfants. Les enfants sentent mauvais et ils sont sales. Les enfants ne m'intéressent pas du tout. Ils ne sont pas amusants. Ils sont même un peu ennuyeux ! Pourquoi tu lui as dit que j'aimais les enfants ?

La mère de Catherine a tendu la main et a pincé gentiment la joue de sa fille en lui disant d'un ton assez sévère :

— Catherine, ne dis pas ça. Je sais bien que tu adores les enfants. C'est pour ça que la mère de Martin veut que tu l'emmènes à la Guadeloupe.

— Tu veux dire que je vais accompagner Martin à la Guadeloupe ? a dit Catherine. J'hallucine ! Est-ce que tu penses vraiment que moi, j'irai à la Guadeloupe avec un gamin ? Avec ce gamin ?

Elle a bien regardé le petit garçon aux vêtements sales et aux lèvres tachées de rouge.

— Moi, aller à la Guadeloupe avec LUI ?

Jamais de la vie !

— Mais SI ! lui a répondu sa mère. C'est génial, non !

— Hyper génial, maman ! a dit Catherine d'un ton très sarcastique.

— Moi, je pense que c'est super ! a crié le garçon. Moi, je veux voir ma mamie et mon papi.

Martin mâchait du chewing-gum. Il avait plein de chewing-gum dans la bouche. Catherine ne comprenait pas comment il pouvait mâcher un si gros chewing-gum et parler en même temps.

— Martin, a dit la mère de Catherine, tu dois avoir faim. Si tu allais manger quelque chose dans la cuisine. Je pense qu'il y a un paquet de biscuits sur la table. Tu peux manger tout ce que tu veux.

— J'adore les biscuits, a crié Martin pendant qu'il courrait dans la cuisine à toute vitesse.

Catherine était déjà de mauvaise humeur et maintenant, ce petit monstre allait manger les biscuits qu'elle venait juste d'acheter.

— Catherine, je t'en prie. Ne sois pas comme ça. Ne me dis pas que tu ne veux pas accompagner Martin à la Guadeloupe pour qu'il rende visite à ses grands-parents. J'ai déjà tout arrangé avec sa mère. Je lui ai dit qu'il n'y aurait aucun problème. Je lui ai déjà dit que tu voudrais bien accompagner Martin à la Guadeloupe pour qu'il rende visite à ses grands-parents, a dit sa mère. Et en plus, la mère de Martin va tout payer. Tu pourrais rester chez ses grands-parents. C'est une bonne façon de visiter l'île de la Guadeloupe. Tu as vraiment de la chance. La Guadeloupe est très belle. Il y a plein de belles plages où l'eau est toujours chaude, des forêts tropicales et un volcan. Au cas où tu ne le saurais pas, la Guadeloupe est une région française. On y parle français. Je croyais que tu serais très contente de cette aventure.

— Ah non, maman ! Je ne suis pas contente du tout. Je ne veux pas y aller. Je ne veux pas passer tout l'été avec un gamin. Maman, j'ai des projets pour cet été. Je ne veux pas passer l'été avec un gamin de sept ans.

Catherine a poussé un long soupir.

— S'il te plaît, Catherine. J'ai déjà dit à Mme De la Ruelle que tu emmènerais Martin à la Guadeloupe. Je le lui ai promis. Je n'aurais peut-être pas dû le faire, mais j'étais sûre que tu voudrais y aller. Je sais que tu aimes voyager. Quand je le lui ai dit, elle était vraiment heureuse. Elle m'a dit que ce serait parfait pour son fils. Je ne peux pas lui dire maintenant que tu ne veux pas y aller. Je ne peux pas lui dire que tu ne veux pas accompagner son fils et passer l'été à la Guadeloupe. Catherine, il faut que tu y ailles. Elle veut que son fils passe du temps avec ses grands-parents. S'il te plaît, Catherine, fais-le pour elle. Fais-le pour moi.

Que pouvait-elle faire ? Si elle n'accompagnait pas Martin à la Guadeloupe, tout le monde la prendrait pour une fille égoïste et difficile. Tout le monde penserait qu'elle est une fille qui ne pense qu'à elle. Tout le monde penserait qu'elle est une fille gâtée. Mais, si elle y allait avec Martin, elle ne s'amuserait pas du tout. Elle passerait son temps à faire la baby-sitter. Catherine avait dix-sept ans. Elle était bien trop vieille pour garder des enfants. Même quand elle avait quinze ans, elle détestait garder des enfants. Mais, est-ce qu'elle voulait que tout le monde la prenne pour une fille égoïste et gâtée. Elle ne savait pas quoi faire. Elle réfléchissait. Si elle y allait, elle verrait une île magnifique. Elle ne savait pas grand chose sur la Guadeloupe, mais elle savait qu'il y avait des plages superbes. Elle savait qu'il y avait des plages de sable blanc, noir, ou doré. Elle pourrait peut-être faire de la plongée sous-marine, de la voile ou du surf. Ça serait amusant. Même si elle était obligée de visiter l'île avec un gosse de sept ans. Elle a poussé un long soupir, elle est restée silencieuse pendant très longtemps et puis elle a dit :

— D'accord, maman. Je ne veux pas y aller, mais j'irai quand même. J'emmènerai Martin à la Guadeloupe pour qu'il puisse rendre visite à ses grands-parents. J'irai. Je le ferai pour toi.

À ce moment-là, Martin est sorti de la cuisine en criant. Il courait si vite que Catherine a cru qu'il allait tomber. Sa figure était pleine d'Oreos. Ses dents étaient noires de chocolat et ses lèvres toutes tâchées. Il a sauté sur les genoux de Catherine et il s'est pendu à son cou.

— Oh, Catherine ! il lui a crié dans les oreilles. Qu'est-ce qu'il criait fort ! Catherine détestait qu'on lui crie si fort dans les oreilles. Elle n'était pas du tout contente. Elle a essayé de sourire, mais elle n'y arrivait pas. Pourquoi avait-elle consenti à emmener ce gamin qui sent le chien mouillé dans un pays si loin de chez elle ? Est-ce qu'elle était devenue folle ?

— Oh, Catherine, que je suis content, a hurlé Martin. Tu vas m'emmener à la Guadeloupe rendre visite à ma mamie et à mon papi ! Martin criait à tue-tête.

Martin criait si fort que Catherine en avait mal aux oreilles. Et en plus, elle commençait à avoir mal à la tête.

— Oui, Martin, elle lui a répondu à voix basse. Je t'emmènerai à la Guadeloupe pour rendre visite à tes grands-parents.

Martin a sauté par terre et s'est mis à courir en tournant en rond. La mère de Catherine était assise sur le sofa et elle applaudissait. Catherine, elle, restait assise sur le sofa prête à pleurer. Cet été ne se déroulerait pas comme elle l'avait prévu. Mais, par contre, elle aurait l'occasion de visiter un nouveau pays. Un pays où il fait beau presque tout le temps. Un pays qui fait partie de la France. Un pays où l'on parle français.

Elle s'est levée et puis elle a dit à sa mère :

— Maman, je vais chez mon amie Susie. Nous allons écouter de la musique. Tu es d'accord, maman ?

Catherine voulait s'en aller. Elle avait vraiment besoin de quitter sa maison. Elle en avait marre de tout ce bruit, elle avait besoin de trouver un endroit calme.

Chapitre deux

À l'aéroport, pendant qu'elle attendait son vol pour aller à Pointe-à-Pitre, la plus grande ville de la Guadeloupe, Catherine a entendu une voix qui annonçait :

— Tous les passagers à destination de Pointe-à-Pitre et accompagnés d'enfants doivent embarquer tout de suite, s'il vous plaît.

Elle était bien surprise de penser qu'elle était « une passagère avec enfant ». Mais après tout, elle voyageait avec un enfant. Un enfant de sept ans qui s'appelait Martin. Elle avait presque oublié qu'elle voyageait avec lui.

Jusqu'à maintenant, elle ne s'était pas encore occupée du petit garçon parce que la mère de Martin était toujours là. La mère de Martin voulait être certaine qu'il monterait bien dans l'avion et elle voulait lui dire au revoir. Catherine était heureuse que sa mère soit là. Mais maintenant, c'était l'heure de monter dans l'avion.

La mère de Martin l'a serré bien fort dans ses bras et lui a donné de gros bisous puis, elle lui a dit :

— Au revoir, mon petit bonhomme. Tu vas me manquer énormément.

On avait l'impression qu'elle allait pleurer. Elle l'a embrassé encore une dernière fois.

— Sois bien sage avec Catherine, mon petit, d'accord ? C'est bien compris ?

— Oui, maman. Tout ira bien. Je serai sage. Je t'aime beaucoup. Ne t'en fais pas. Au revoir ! lui a répondu l'enfant.

— Catherine, souviens-toi que ma mère et mon père seront à l'aéroport. L'aéroport s'appelle « Guadeloupe Pôle Caraïbes ». À votre arrivée, vous irez directement à la douane. Après avoir passé la douane, vous trouverez mes parents. Ils auront une pancarte avec vos noms. Ma mère portera une robe rouge. Mon père est grand et mince et il n'a pas de cheveux. Il est chauve. Tu les reconnaîtras facilement j'en suis sûre.

— D'accord, lui a dit Catherine. Ne vous inquiétez pas, Madame. Tout ira bien.

La mère de Martin avait l'air de beaucoup s'inquiéter. Après un moment de silence, elle lui a dit :

— Je vais essayer de ne pas trop m'inquiéter. Je suis sûre que tu t'occuperas bien de
mon petit ange. Je suis simplement triste de
le voir partir.

— Je m'occuperai bien de Martin, Madame, lui a dit Catherine.

Et c'était vrai. Elle ferait de son mieux.
Elle l'emmènerait chez ses grands-parents le
plus vite possible. Puis, elle visiterait la Guadeloupe toute seule. Elle voulait aller à la
plage. Elle voulait surtout aller sur les plages
de sable noir. Elle savait que le sable était
noir à cause de la proximité du volcan, mais
elle n'avait jamais vu de sable noir et elle se
disait que ça devait être un peu bizarre. Elle
voulait faire de la plongée sous-marine dans
cette mer où l'eau est toujours chaude. En
effet, le climat de l'île est tropical et la température moyenne est de 27 degrés Celsius.

Elle voulait visiter Pointe-à-Pitre, la plus
grande ville de l'île avec environ 170.000 habitants. Il y aurait tellement de choses à y faire.
Il y a toutes sortes de marchés. Il y a un marché tout au bord de l'eau où les pêcheurs ven-
dent des poissons de toutes les couleurs qu'ils

ont pêchés le jour même. Il y a aussi un autre marché où l'on vend des épices, des fruits et des légumes. Et puis, il y a le marché aux fleurs sur la place Gourbeyre où l'on peut trouver toutes espèces de fleurs exotiques. Il y a aussi un très bel endroit appelé « Place de la Victoire ».

Avant de partir, elle avait lu dans un guide touristique qu'il n'y a plus beaucoup de vieux bâtiments dans la ville de Pointe-à-Pitre parce qu'ils ont été détruits lors de différentes catastrophes. Il y a eu des tremblements de terre, des incendies, et des cyclones. Elle avait lu qu'il y avait des forêts tropicales et même un volcan qui s'appelle « la Soufrière ». La Soufrière se trouve dans la partie de l'île que l'on appelle « La Basse-Terre ». L'autre partie de l'île s'appelle « La Grande-Terre ». Les deux îles étant séparées par un bras de mer appelée « La Rivière-Salée ». Elle avait appris aussi que la Guadeloupe était formée de neuf îles qui sont toutes habitées. Sur la Basse-Terre, il y avait des forêts tropicales où l'on peut trouver des animaux sauvages et des plantes incroyables. Catherine trouvait un peu curieux qu'il n'y ait pas d'animaux vénéneux sur l'île.

Il y avait aussi des chutes d'eau magnifiques et de très beaux étangs.

Parmi les animaux sauvages qu'on pouvait trouver dans le Parc National de la Guadeloupe, il y avait le « ti-racoon ». C'est une sorte de raton laveur. Cet animal est le symbole du Parc National de la Guadeloupe. Catherine avait la ferme intention de faire plein de randonnées et de tout voir. Elle était aussi très curieuse de rencontrer les garçons de la Guadeloupe. Elle espérait qu'ils seraient beaux.

Catherine avait de l'argent grâce à son travail au Mac Do. Elle avait travaillé dur et maintenant elle avait assez d'argent pour visiter la Guadeloupe pendant les quinze jours où Martin serait avec ses grands-parents. Elle était tellement heureuse. Elle n'avait qu'à passer quelques heures avec lui dans l'avion pendant le vol et après, elle serait libre. Dès qu'elle aurait remis Martin à ses grands-parents, elle pourrait partir et s'amuser. Elle reviendrait le chercher au bout de quinze jours pour rentrer aux Etats-Unis.

Catherine et Martin sont montés dans l'avion. Catherine a remarqué que Martin était courageux. Elle se disait : Quel brave garçon, il ne pleure pas. Il n'est même pas triste et il n'a que sept ans. Il est bien content d'aller rendre visite à ses grands-parents. Il est heureux. Catherine était heureuse aussi. Elle était heureuse parce que Martin était sage. Après tout, ce voyage se passerait peut-être bien et, dans quelques heures, elle sera libre ! Libre pour quinze jours sur une île tropicale pleine de nouvelles choses à voir. Libre pour quinze jours sur une île que l'on appelle « L'île papillon » à cause de sa forme.

Après avoir trouvé leurs places, ils se sont assis. Ils étaient assis à côté d'un homme très grand. Catherine lui a souri, mais lui n'a pas souri. Martin lui a souri aussi, mais il n'a pas fait attention à lui.

L'avion allait décoller dans quelques minutes. Catherine a sorti son magazine « DIX-SEPT ANS » parce qu'elle voulait lire pendant une demi-heure. Ensuite, elle pensait dormir pendant le reste du voyage. Tout à coup, elle a entendu des cris épouvantables. Les cris étaient si forts qu'on pouvait les entendre à l'autre bout de l'avion. Martin pleurait et criait. C'était horrible. On aurait dit des singes en train de se battre. L'homme assis à côté d'eux était furieux et la regardait avec de gros yeux.

— Qu'est-ce que tu as, Martin ? Pourquoi tu pleures ? lui a demandé Catherine.

L'enfant l'a regardée et lui a crié :

— Je veux voir ma maman ! Je ne veux pas aller à la Guadeloupe !! Je veux voir ma maman !

Catherine pensait : « Oh non ! Qu'est-ce que je vais faire ? Qu'est-ce que je vais faire avec un enfant qui pleure comme ça ? Ce n'est pas possible ! »

Elle a regardé Martin et elle lui a dit d'une voix calme et sûre :

— Martin, ne t'en fais pas. Tu sais bien où l'on va. Tu vas rendre visite à ta grand-mère et à ton grand-père. Tu vas voir tous les animaux de la forêt tropicale. Tu vas te baigner dans la mer, faire de la plongée et jouer dans le sable noir. Tu vas bien t'amuser. Il y a plein de choses à faire sur l'île. La Guadeloupe est une île extraordinaire.

— Non, Catherine, c'est pas vrai. Je déteste mamie et papi ! Je ne veux pas les voir. Je n'aime pas la Guadeloupe non plus ! Je ne veux pas aller à la plage. Je déteste nager. Je veux ma maman. Je veux rentrer chez moi, maintenant.

Martin parlait très fort. L'homme assis à côté a demandé à l'hôtesse s'il pouvait changer de place. Elle lui a dit qu'il n'y avait plus de places libres dans l'avion. Il avait l'air fâché. Catherine était très gênée. Elle ne savait pas quoi faire. Quel désastre !

Martin criait de plus en plus fort. Puis il a commencé à donner des coups de pieds dans le siège devant lui. Catherine avait peur que l'hôtesse les fasse débarquer. Mais ce serait peut-être une bonne chose. Catherine pourrait rentrer chez elle où elle pourrait passer un été bien agréable à faire du shopping et à se bronzer au soleil. Elle irait à la Guadeloupe plus tard. Elle irait seule, sans gamin pleurnichard.

— Martin, arrête de pleurer ! lui a dit Catherine. Elle faisait un effort pour être sympa. Elle a essayé d'imiter la voix d'une institutrice. Les institutrices ont toujours des voix douces et gentilles qui calment les enfants. Catherine a essayé, mais elle avait l'impression qu'elle imitait plutôt la voix forte et dure d'un prof de collège.

— Ne pleure pas … mon petit bonhomme, a ajouté Catherine.

« Mon petit bonhomme » pour lui donner l'impression qu'elle était sincère. Mais il a crié très fort :

— Je ne suis pas ton petit bonhomme !

Une hôtesse de l'air qui a entendu ses cris est venue vers eux. Elle était grande, mince, et très jolie. Elle portait un pantalon bleu foncé et un chemisier blanc. Catherine a vu qu'elle s'appelait Lola. Lola a touché le bras de Martin et lui a demandé :

— Qu'est-ce qu'il y a, mon petit ? Où est ta mère ? Est-ce qu'elle te manque ?

Martin pleurait si fort qu'il ne pouvait pas répondre. Catherine avait honte et son visage est devenu tout rouge. Elle était très mal à l'aise. Elle ne savait pas quoi faire pour calmer Martin.

Lola a continué à parler au garçon d'une voix calme afin de le rassurer :

— Écoute, je sais que tu es très triste. Mais il faut penser à tout ce que tu vas faire dès que tu arriveras chez tes grands-parents. Tu vas beaucoup t'amuser pendant ton séjour. Et ta maman sera là quand tu reviendras de la

Guadeloupe.

Martin pleurait de moins en moins fort.

— Est-ce que tu aimerais manger des biscuits. J'ai un petit paquet d'Oreos si tu en veux. Mais, il faut que tu sois raisonnable.

D'un seul coup, il s'est arrêté de pleurer. Comme ça, tout à coup et pour quelle raison ?

Évidemment ! Il adorait les Oreos. Il a dit à l'hôtesse :

— J'adore les petits gâteaux secs. Surtout les Oreos. Ce sont les biscuits que je préfère.

Lola s'est mise à rire et puis elle lui a dit :

— Ce sont aussi mes biscuits préférés. Je vais aller te chercher un paquet d'Oreos et une boisson. Est-ce que tu aimes l'Orangina ?

— Oui, merci beaucoup, lui a dit Martin.

Catherine se disait que Martin était complètement différent maintenant. Il ne pleurait plus et il était à nouveau content. Quel enfant bizarre !

Lola a souri à Martin.

— Quelle coïncidence ! C'est aussi ma boisson préférée. Je vais t'apporter deux canettes.

Martin a commencé à sauter sur son siège en criant :

— Youppie ?! De l'Orangina ! J'adore l'Orangina.

Lola est revenue très vite et lui a donné ses biscuits et sa boisson.

— Et voilà, mon chéri ! lui a dit Lola d'une voix douce.

Catherine se disait : « Ce n'est pas juste. Si j'avais des gâteaux secs et une bouteille d'Orangina, moi aussi, je pourrais l'apaiser ! » Mais elle ne savait pas si c'était tout à fait vrai. Elle supportait mal les enfants. Maintenant elle en était sûre. Elle n'aurait pas dû venir. Qu'est-ce qu'elle allait bien pouvoir faire avec un enfant de sept ans ? L'été n'allait pas être amusant. Peut-être qu'elle pourrait demander à Lola, la belle hôtesse aux petits gâteaux secs, de l'accompagner à la Guadeloupe à sa place. Il était évident que Martin préférait Lola. Mais, il était trop tard !

Lola a souri à Martin à nouveau et lui a dit :

— D'accord, Martin, souviens-toi que je ne suis pas loin. Il n'y aura plus de problèmes tant que je suis là.

Martin lui a souri et lui a dit :

— Merci !

Puis Lola s'est occupée d'un autre passager qui voulait un oreiller et une couverture.

Martin s'est tourné vers Catherine et lui a dit :

— Lola est très belle et très sympa. Elle est plus sympa que toi.

Catherine ne lui a pas répondu. C'était vrai. Lola était plus belle et plus sympa qu'elle. Catherine pensait que Lola était une femme sans problèmes. Elle voulait crier et lui dire que qu'il n'était pas sympa et qu'il fallait être sage, silencieux et raisonnable. Mais elle lui a tout simplement dit :

— Mange ton goûter !

Et l'avion a décollé.

Chapitre trois

Catherine aimait voyager en avion. Elle aimait être au milieu des nuages. Elle aimait regarder par la fenêtre pour voir les voitures qui paraissent si petites. Elle aimait lire un livre. Elle aimait lire les magazines de l'avion. Elle aimait manger les cacahouètes et boire le coca qu'on sert dans l'avion. Elle aimait aussi les repas servis pendant le vol. Mais, pas aujourd'hui. Aujourd'hui, elle était de mauvaise humeur et elle n'avait envie de rien. Elle voulait rentrer chez elle.

Pendant le vol, Martin demandait quelque chose toutes les deux minutes. Pour commencer, il voulait d'autres biscuits puis une autre boisson. Ensuite, il voulait jouer avec les écouteurs. Après, il voulait que Catherine lui lise un de ses livres. Il n'avait que des livres stupides avec des singes idiots qui chantaient ou des ours qui parlaient ou des monstres qui se cachaient sous le lit des enfants. En plus, il avait besoin d'aller aux toilettes tout le temps.

Il y était déjà allé cinq fois. Mais il ne voulait pas y aller tout seul, alors Catherine l'accompagnait à chaque fois. Catherine pensait que cinq fois c'était beaucoup trop.

Après être revenu des toilettes pour la cinquième fois, Martin lui a demandé :

— Catherine, s'il te plaît, lis-moi ce livre. Lis-le-moi encore une fois.

Elle ne voulait pas lui lire le livre, mais elle l'a fait quand même parce qu'elle voulait être sympa. Et en plus, elle ne voulait pas qu'il pleure.

Après avoir lu le livre de l'arbre qui avait un garçon avare comme ami, on leur a servi le dîner, mais Martin ne voulait pas manger et il s'est mis à crier :

— Je n'aime pas ce repas. C'est pas bon ! Je déteste les petits pois. Les petits pois me dégoûtent. Je n'aime rien. Je ne veux pas manger.

Catherine lui a dit :

— Alors, ne mange pas les petits pois.

— Mais ma mère m'a dit qu'il faut manger des légumes, lui a crié Martin.

— Alors, mange-les, lui a répondu Catherine.

ℬ ℭ ℬ ℭ

— Mais je n'aime pas les petits pois. Je les déteste, Martin a insisté. Ce repas est dégoûtant ! Je ne veux pas manger.

— Martin, tout le monde te regarde. Ne parle pas si fort ! Si tu continues comme ça, tous les autres passagers vont se fâcher. Écoute, ne mange pas les petits pois et je ne dirai rien à ta mère. Tu n'as pas besoin de manger ton dîner.

— Mais j'ai faim, Catherine, il a insisté.

Catherine ne savait pas quoi faire. Elle voulait rentrer chez elle. Elle ne voulait plus rester avec ce petit monstre. Elle voulait aller chez son amie pour écouter de la musique. Elle avait l'impression qu'elle allait exploser comme un gros ballon qu'on avait trop gonflé. Peut-être qu'elle pourrait essayer de parler avec l'hôtesse, Lola, encore une fois.

Lola est revenue les voir. Pour Catherine, elle était un ange. Mieux qu'un ange. Lola avait une voix douce et un joli sourire. Un ange qui aidait les vieilles personnes avec leurs valises et qui s'occupait des enfants difficiles. Son travail n'était pas facile.

— Martin, je pense que j'ai deux ou trois « Happy Meals » de McDonald's. Est-ce que tu en voudrais un ? Tu aimes les « Happy Meals » ? lui a demandé Lola.

C'était incroyable ! Maintenant, Lola était un ange avec des « Happy Meals ».

— J'aime beaucoup le MacDo. J'adore les « Happy Meals », lui a dit Martin.

Lola lui a apporté un repas de chez Mc-Donald's et Martin a commencé à manger. Il mangeait sans pleurer et sans crier. Il était de nouveau heureux. Catherine aussi était heureuse. Elle était heureuse parce que Martin ne pleurait plus. Ça ne lui faisait rien que Martin préfère Lola. Elle ne voulait qu'une chose, que Martin soit calme et silencieux. Elle voulait manger ses petits pois dégoûtants en paix. Elle ne savait pas que les enfants pouvaient être si difficiles. Elle ne savait pas qu'ils demandaient autant d'attention. Elle ne savait pas qu'ils étaient aussi capricieux. Mais maintenant elle le savait. Les allées et venues aux toilettes et les moments difficiles le lui avaient appris. Et l'homme assis à côté d'eux le savait aussi.

Après avoir tant souffert, Catherine voulait seulement arriver à la Guadeloupe. Bientôt l'avion allait atterrir à l'aéroport qui se trouvait à dix minutes au nord de Pointe-à-Pitre et à 20 minutes du Gosier. Le Gosier était un endroit très apprécié par les touristes. Catherine avait lu que Le Gosier était une petite ville très animée.

Catherine était soulagée. Elle avait survécu au vol. Catherine était contente parce que dans quelques minutes, elle pourrait remettre Martin à ses grands-parents. L'enfant ne sera plus son problème quand ses grands-parents viendront le chercher.

Catherine et Martin se sont levés pour sortir de l'avion. En sortant, ils ont vu Lola. Lola a embrassé Martin et lui a donné un petit jouet, un avion en plastique. Martin était très content de son cadeau.

— Au revoir, Martin, a dit Lola. J'espère que tu t'amuseras bien pendant ton séjour à la Guadeloupe. C'est bien possible que l'on se voie lors de ton retour aux États-Unis.

— J'espère que oui, lui a dit le garçon.

Lola a souri à Catherine et lui a dit :

— Au revoir et bon courage !

Catherine et Martin sont descendus de l'avion avec les autres passagers. Ils ont vite passé la police. À la police, on a bien regardé

leurs passeports, et il n'y a eu aucun problème. Finalement, tout se passait bien. Pour
la première fois depuis le début du voyage
tout allait bien !

Ils sont sortis de l'aéroport. Il était décidé
qu'elle rencontrerait les grands-parents devant l'aéroport. Catherine était très surprise
par la chaleur et toutes les odeurs. Il faisait
vraiment très chaud. Tout était très vert et il
y avait des fleurs partout. Elle voyait des ta-
xis et beaucoup de voitures. Beaucoup de
monde allait et venait. Catherine était fascinée par tout ce qu'elle voyait. Ce pays était
très différent des États-Unis. C'était intéressant d'être dans un pays où tout était différent.

Catherine a regardé autour d'elle, mais
elle n'a vu personne qui pouvait avoir dans les
soixante-dix ans et qui ressemblait aux
grands-parents de Martin. Elle n'a pas vu de
femme qui portait une robe rouge. Elle n'a pas
vu un seul homme qui soit mince et chauve et
elle n'a vu personne avec une pancarte où
était écrit « Martin et Catherine. »

— Où sont mes grands-parents ? a demandé Martin.

— Ils sont probablement en retard, lui a répondu Catherine. Ils seront bientôt ici, tu verras. Asseyons-nous et attendons.

— D'accord, lui a dit Martin, mais d'abord, il faut que j'aille aux toilettes.

Catherine ne pouvait pas le croire. Après avoir passé seulement dix minutes à la Guadeloupe et il avait déjà besoin d'aller faire pipi. Ce n'était pas possible. Catherine et Martin sont donc allés aux toilettes.

Après être allés aux toilettes, ils sont revenus à l'endroit où ils avaient rendez-vous avec les grands-parents. Il y avait un jeune homme avec un grand sac à dos, un homme et une femme avec une petite fille aux cheveux roux et frisés et un jeune couple avec un bébé. Enfin, elle a vu un homme et une femme qui ressemblaient aux grands-parents de Martin. Ils étaient vieux, assez vieux pour être les grands-parents de Martin. Mais ils n'avaient pas de pancarte. La femme ne portait pas de robe rouge. Catherine voulait être sûre que ce n'étaient pas eux. Elle espérait qu'ils seraient les grands-parents de Martin. Catherine s'est approchée de la femme et de l'homme.

— Excusez-moi, leur a dit Catherine. Mais

Catherine a remarqué deux enfants qui couraient vers eux.

— Mamie !! ils ont crié.

Un des enfants a sauté dans les bras de la femme. Et l'autre a sauté dans les bras de l'homme. Ils étaient des grands-parents. Mais ils n'étaient pas ceux de Martin. C'était évident.

— Où sont mamie et papi ?

Il s'est remis à pleurer.

— Ils sont probablement en retard, c'est tout, elle lui a répondu. Asseyons-nous ici pour les attendre.

Ils se sont assis. Ils ont attendu, attendu et attendu. Martin jouait avec ses petites voitures rouges et avec l'avion que Lola lui avait donné. Pendant qu'il jouait, il imitait le bruit d'une voiture. Il a crié plusieurs fois :

— Brrrroummmm !

Cela ne faisait absolument rien à Catherine. L'enfant était content et il n'avait pas besoin d'aller aux toilettes. Elle a commencé à lire un guide touristique sur la Guadeloupe. Catherine a appris que l'île avait été découverte par Christophe Colomb en 1493 et que la Guadeloupe était devenue un Département d'Outre-mer de la France en 1946 et puis une Région en 1974. Le français est donc la langue officielle, mais on y parle aussi le créole. Elle a aussi appris que la monnaie dont on se sert en Guadeloupe est l'Euro, comme en France et en Europe.

Dans le guide touristique, Catherine a vu les photos des endroits qu'elle pourrait visiter pendant son séjour. Elle voulait visiter une vieille distillerie de rhum, comme celle du Musée du Rhum à Sainte-Rose. Elle voulait aussi visiter le Musée Schoelcher situé dans une très belle maison coloniale à Pointe-à-Pitre. Schoelcher était un homme politique qui a lutté contre l'esclavage. Grâce à son action, l'esclavage a été aboli sur l'île en 1848.

Elle voulait aussi visiter la maison du poète Saint John Perse. Il y avait aussi le Parc Zoologique, le Parc aux Orchidées, les bananeraies, les bateaux à fond de verre, les plantations de café et de cacao, et la liste s'allongeait. Catherine aimait beaucoup ce qu'elle voyait sur les photos. Elle était impatiente de visiter ce pays. Elle était contente parce que maintenant, Martin jouait silencieusement. Il lui a demandé encore une fois :

— Catherine, emmène-moi aux toilettes, s'il te plaît.

Ensuite, Martin a demandé qu'elle lui raconte une histoire. Catherine a commencé à lui lire un de ses livres. Elle pensait que c'était une bonne façon de passer le temps.

Pendant qu'elle lisait, elle a commencé à s'inquiéter. Elle espérait que les grands-parents de Martin étaient tout simplement en retard et qu'ils arriveraient bientôt.

Catherine a lu les dix livres que Martin avait emportés avec lui. Elle a lu les histoires des singes idiots et des ours qui parlaient, les histoires des monstres qui aimaient se cacher sous le lit des enfants. Elle a lu les livres des robots, des hélicoptères et des avions. Elle a aussi lu l'histoire d'un enfant qui ne voulait jamais ranger sa chambre jusqu'au jour où une fée est venue et a pris tous ses jouets pour lui donner une leçon. Puis elle a relu tous les livres une deuxième fois. Elle en avait marre de lire les mêmes livres, mais elle a continué à lire parce qu'elle savait que pendant qu'elle lisait les grands-parents de Martin allaient venir les chercher. En plus, si elle lisait, elle ne penserait pas aux grands-parents de Martin. Si elle lisait, elle ne pourrait pas se demander s'ils allaient venir ou pas. Finalement, après avoir lu très longtemps, Martin s'est endormi sur ses genoux. Catherine s'est endormie aussi.

Quelques heures plus tard, elle s'est réveillée. Elle s'est réveillée, elle a regardé ses genoux et elle a crié :

— Où est passé Martin ?

Martin n'était plus là !

Chapitre quatre

Catherine s'est réveillée. Elle a regardé autour d'elle et s'est souvenue qu'elle était à l'aéroport de la Guadeloupe. Elle a bien regardé sa montre. Elle ne pouvait en croire ses yeux. C'était déjà le lendemain. Elle avait passé toute la nuit dans l'aéroport. Mais où était Martin ? Pourquoi n'était-il plus endormi sur ses genoux ?

Elle pensait qu'il était probablement aux toilettes. Elle est allée aux toilettes et elle a appelé Martin. Elle n'a eu aucune réponse.

— Où sont les grands-parents de Martin ? Où est Martin ? Qu'est-ce que je dois faire ?

Catherine a commencé à le chercher. Elle a cherché partout dans l'aéroport. Les problèmes qu'elle avait eus à s'occuper de Martin n'étaient rien en comparaison à ceux qui l'attendraient si elle ne le retrouvait pas. Comment pourrait-elle dire à la mère de Martin qu'elle l'avait perdu à l'aéroport ? Catherine ne savait pas quoi faire.

Catherine avait envie de pleurer. Elle ne se rappelait même plus du visage de Martin maintenant qu'il n'était plus avec elle. Elle avait besoin de réfléchir. Elle avait besoin de décider ce qu'elle allait faire.

Catherine était inquiète parce qu'elle était en Guadeloupe depuis déjà douze heures, que les grands-parents de Martin n'étaient pas encore là et qu'elle n'avait plus l'enfant. Elle ne savait pas ce qu'elle allait faire s'ils n'arrivaient pas. Catherine se demandait pourquoi les grands-parents n'étaient pas encore là. Tout ce qu'elle savait c'était qu'ils n'étaient pas là. Elle savait aussi qu'il y avait un enfant de sept ans qui se trouvait quelque part en Guadeloupe, mais elle ne savait pas où exactement. Catherine se disait qu'elle ne parlait pas assez bien le français. Elle ne savait pas si elle pourrait communiquer avec les gens. Elle était sûre que les Guadeloupéens parlaient français d'une manière différente que son prof de français dans le Kentucky. C'était probablement à cause de l'influence africaine apportée par l'esclavage. En plus les gens parlaient souvent créole. Elle ne savait pas quoi faire.

Heureusement la mère de Martin lui avait

donné une télécarte avant leur départ. Catherine pourrait peut-être lui téléphoner pour savoir ce qu'elle devait faire. La télécarte ressemblait à une carte de crédit. Catherine a vite trouvé une cabine téléphonique et elle a essayé de téléphoner à la mère de Martin dans le Kentucky. Elle n'était pas chez elle. Du moins, elle n'a pas répondu au téléphone. Catherine avait aussi le numéro de téléphone des grands-parents qui vivaient en Guadeloupe. Elle a essayé de leur téléphoner, mais personne n'a répondu. Puis elle a essayé de téléphoner à sa mère dans le Kentucky, mais elle n'était pas chez elle non plus. Elle a donc essayé de téléphoner encore une fois aux grands-parents, mais il n'y avait toujours aucune réponse.

Catherine n'avait pas envie de passer quinze jours à l'aéroport à attendre l'arrivée des grands-parents et à chercher Martin. Elle voulait surtout visiter l'île. Elle savait que les grands-parents habitaient dans une ville qui s'appelle Bouillante. C'est un des plus anciens villages de l'île, sur la côte. Catherine a cherché le village dans son guide touristique et elle a appris que le village était connu pour ses nombreuses sources chaudes. Il est aussi connu pour ses plages de sable noir. À cet endroit, la mer est très riche en coraux et en poissons et le site est classé « réserve naturelle » afin de protéger la faune et la flore sous-marine.

Catherine est retournée à la cabine téléphonique. Elle a essayé encore une fois de téléphoner à la mère de Martin. Mais, il n'y avait toujours personne. Elle a essayé de téléphoner à sa mère et aux grands-parents. Personne n'a répondu. Catherine ne pouvait parler à personne. Personne n'était à la maison. Catherine s'inquiétait beaucoup. Elle se trouvait dans un pays étranger, dans un pays complètement différent des États-Unis. Catherine était complètement désespérée. Catherine voulait téléphoner à son amie Susie. Elle voulait qu'elle l'aide, mais ce n'était pas possible. Elle avait vraiment envie de pleurer.

Tout à coup un homme lui a demandé :

— Je peux vous aider ? On dirait que vous avez peur ? Que se passe-t-il ? Qu'est-ce que je peux faire pour vous aider ?

L'homme qui lui parlait s'appelait Daniel. Il était très beau avec les cheveux un peu longs. Daniel parlait anglais aussi. Il ne le parlait pas parfaitement, mais il parlait anglais quand même. Il s'est assis à côté de Catherine et il lui a dit :

— J'ai l'impression que vous avez besoin d'un ami.

— Oui, c'est vrai. J'ai vraiment besoin d'un ami. J'ai besoin d'aide, lui a-t-elle dit. Je suis arrivée hier des USA avec Martin, un enfant de sept ans que j'accompagnais et il s'est perdu. Je ne peux pas le retrouver. En plus, ses grands-parents devaient venir nous chercher hier soir à l'aéroport, mais ils ne sont pas venus.

— Je m'appelle Daniel, lui a dit l'homme. Je suis chauffeur de taxi. Je suis venu chercher une personne, mais elle n'est pas arrivée.

Catherine avait l'impression que Daniel était un homme super gentil. Il avait les yeux verts et les cheveux bruns et il était jeune et beau. Mais elle était dans un pays étranger et elle avait peur. Elle ne savait pas comment étaient les gens ici. Elle ne savait pas si elle pouvait lui faire confiance. Elle ne savait pas si cet homme était bon ou mauvais.

Daniel a regardé la jeune fille et lui a demandé :

— Est-ce que je peux faire quelque chose pour vous ?

— Je ne sais pas quoi faire. Je suis désespérée. J'ai perdu le petit garçon dont j'avais la garde.

Elle ne savait pas quoi lui dire. Sa mère lui avait toujours dit de ne pas parler aux étrangers. Elle ne savait pas si elle devait lui dire qu'elle était seule.

Catherine a décidé de lui expliquer tout ce qui s'était passé. Elle lui a raconté toute l'histoire. Elle lui a dit qu'elle s'était endormie et que quand elle s'était réveillée le garçon n'était plus à côté d'elle.

— Il n'y a aucun problème, lui a dit Daniel. Je vais vous aider. S'il y a une personne ici à la Guadeloupe qui a besoin d'aide, c'est bien vous. Mais, après cette nuit et toutes ces émotions, vous devez avoir bien faim. Si nous allions prendre un petit déjeuner avant de commencer nos recherches.

En effet Catherine avait très faim. Elle a décidé de prendre un petit déjeuner avant de continuer à chercher Martin. Ils sont allés dans un restaurant de l'aéroport pour manger un bon petit déjeuner. Elle a mangé du pain avec de la confiture et du beurre et elle a bu du café au lait. Son petit déjeuner ressemblait beaucoup au petit déjeuner français. Catherine avait si faim qu'elle a dévoré tout ce qui était dans son assiette. Après avoir mangé, ils se sont mis à la recherche de Martin.

Elle aurait de gros problèmes avec sa mère si elle ne pouvait pas retrouver Martin. Elle serait vraiment dans le pétrin.

La jeune fille est montée dans le taxi de Daniel. Ils ont quitté l'aéroport. Tout était nouveau pour Catherine. Elle était fascinée par ce qu'elle voyait. Au bout d'un moment, Catherine a reconnu le fameux cimetière de Morne à l'eau entièrement fait de carreaux blancs et noirs. Elle s'est rendu compte qu'ils allaient dans la direction opposée de l'endroit où habitaient les grands-parents de Martin. C'était un endroit un peu étrange. Elle était sûre que Martin ne se trouvait pas là.

— Où allons-nous ? a demandé Catherine.

— Nous allons retrouver l'enfant perdu, lui a répondu Daniel.

— Mais pourquoi sommes-nous dans cette partie de la Guadeloupe ? Je suis sûre que

Martin n'est pas ici, lui a dit Catherine. Martin n'irait pas dans un cimetière.

Daniel n'a pas répondu. Il a continué à conduire. Daniel a conduit en silence pendant deux ou trois minutes. Pauvre Catherine ! Elle ne voulait plus être avec Daniel. Elle voulait descendre de la voiture. Mais, comment faire ? Elle était coincée. Catherine a commencé à avoir peur. Elle ne voulait plus rester avec cet homme.

— Combien je vous dois ? lui a demandé Catherine.

— Mais rien du tout, lui a répondu Daniel.

— Quoi ? Comment ? Je ne vous dois rien ? Mais pourquoi ? Je ne comprends pas. Je ne veux plus chercher Martin avec vous. Je veux aller à un commissariat de police. Allons-y ! Conduisez-moi tout de suite à un commissariat de police. Déposez-moi maintenant, a dit Catherine sur un ton de plus en plus désespéré.

Daniel n'a pas réagi après avoir entendu ce que Catherine lui a dit. Il l'ignorait.

— Je n'ai pas beaucoup d'argent, a continué Catherine. Je ne peux pas vous payer. S'il vous plaît ! Laissez-moi partir, lui a crié Catherine.

Daniel a arrêté la voiture. Il a pris la main de Catherine. Il lui a dit :

— Je sais comment tu pourrais me payer.

Puis, Daniel a essayé d'embrasser Catherine. Alors, Catherine a retiré sa main et a crié bien fort :

— NON ! NON ! JAMAIS !

Elle a ouvert la porte et elle est descendue en courant du taxi de Daniel. Elle était libre. Elle n'était plus avec Daniel et elle était contente. Elle a couru en criant :

— Au secours ! Au secours !

Un autre chauffeur de taxi s'est arrêté.

— Emmenez-moi à la police, s'il vous plait, le plus vite possible.

Le chauffeur de taxi a emmené Catherine au commissariat de la ville de Pointe-à-Pitre.

Le chauffeur a déposé Catherine devant le commissariat de police.

Catherine s'est précipitée dans le commissariat et elle a entendu une voix qui criait :

— Catherine ! Catherine !

C'était la voix de Martin.

— Martin ! Que je suis contente de te voir ! C'est un miracle. Qu'est-ce qui s'est passé à l'aéroport ? Où étais-tu ? Je t'ai cherché partout !

— Je me suis réveillé pour aller aux toilettes et en y allant, je me suis trompé de chemin. Je me suis perdu. Je ne savais plus où j'étais. J'ai rencontré un homme qui m'a aidé. Il m'a emmené ici, il y a une heure et je t'attendais.

— Que je suis heureuse ! Que c'est bien de te voir sain et sauf ! Je suis tellement contente de te voir vivant !

Les agents de police les ont aidés à trouver un bus pour aller à Bouillante parce que Catherine avait décidé d'aller directement chez les grands-parents. Catherine se sentait bien mieux maintenant. Elle allait finalement où vivaient les grands-parents de Martin.

Chapitre cinq

Catherine et Martin étaient dans le bus. Ils allaient à Bouillante. Catherine regardait par la fenêtre et elle a pu admirer la beauté de ce pays. Le voyage de la Grande-Terre à la Basse-Terre était merveilleux.

Très rapidement ils ont traversé le pont qui sépare les deux îles et Catherine a admiré tous les grands oiseaux blancs perchés sur des branches dans la mangrove. Il y en avait des centaines. Ils ressemblaient à des taches de neige au milieu d'une végétation luxuriante.

Ils étaient maintenant sur l'île de la Basse-Terre et continuaient leur voyage. Catherine était étonnée de voir que les routes étaient en très bon état, mais elles n'étaient pas très larges. Tous les gens conduisaient très vite et changeaient de file sans arrêt. Sur les bords de la route, il y avait des camionnettes pleines de fruits et de légumes, les gens s'arrêtaient pour acheter des melons, des pastèques, des ananas et bien d'autres fruits qu'elle ne reconnaissait pas.

Puis l'autobus a pris la route qui traverse la Basse-Terre en passant entre deux monts appelés « les Deux Mamelles ». À cet endroit, la végétation devenait encore plus riche. On était dans la forêt tropicale et la température était bien plus agréable. Catherine a admiré les magnifiques fougères arborescentes, les orchidées sauvages et les grands arbres aux racines apparentes. Elle a vu des panneaux pour le Parc Zoologique, pour la Cascade aux Ecrevisses, pour la Maison de la Forêt, et pour les nombreux sentiers pédestres. Quand ils sont arrivés au sommet, elle pouvait voir toute la baie de Pointe-à-Pitre et une grande partie de la côte de la Grande-Terre.

Le conducteur du bus ne conduisait plus très vite. Maintenant l'autobus arrivait de l'autre côté de la Basse-Terre et les routes devenaient très sinueuses. Catherine a commencé à avoir mal à la tête à cause du mouvement du bus. Elle avait aussi mal à la tête à force d'entendre Martin parler sans arrêt. Elle avait mal à la tête parce que les autres passagers du bus ne parlaient que le français et le créole. Elle entendait tout, mais elle ne comprenait rien. Il y avait aussi la radio qui jouait très fort des biguines et du zouk. Le bus était très vieux et très bruyant. Les gens dans le bus avaient l'air assez sympa, mais tout l'embêtait. Elle aurait voulu être à Louisville avec ses amis. Mais malheureusement, elle se trouvait dans un autre pays où tout le monde parlait une autre langue. Catherine avait l'impression qu'elle se trouvait dans un autre monde ou sur une autre planète.

Catherine a essayé de comprendre ce que disaient les gens dans le bus mais elle n'y arrivait pas. Le français qu'ils parlaient n'était pas comme le français qu'on parlait à l'école dans la classe de français. Les gens utilisaient des expressions qu'elle ne connaissait pas. Chaque pays a ses propres expressions et façons de parler. Ici les gens parlaient plus lentement et semblaient presque chanter. En plus, ils ajoutaient au français de nombreuses expressions créoles.

Pendant le voyage, Catherine regardait par la fenêtre. Elle a commencé à penser à toutes les richesses de l'île : le sucre, les bananes, les ananas, le rhum, les melons, les aubergines, les fleurs comme l'arôme, la rose porcelaine, le balisier, l'oiseau du paradis et la canne à sucre, tous des produits d'exportation très importants.

Maintenant qu'il y avait plus de circulation, le bus roulait doucement. Catherine a commencé à se sentir un peu mieux quand Martin lui a dit :

— Catherine, je ne me sens pas bien.

Et Martin a vomi partout. « Enfin, il ne me manquait plus que ça, un enfant malade », s'est dit Catherine. La jeune fille s'est levée et s'est essuyé les mains avec les kleenex qu'elle avait mis dans son sac avant de partir. Décidément, ce voyage allait de pire en pire. Elle ne pensait pas que ça pouvait être possible.

Catherine a regardé Martin. Pauvre gamin ! Il était dans un pays étranger sans ses parents et sans ses grands-parents. Il allait dans un endroit qu'il ne connaissait pas et en plus il avait mal au cœur.

Catherine a mis ses bras autour des épaules de Martin.

— Tout ira bien, mon chou. Tu verras, tout ira mieux, je te le promets. Il ne t'arrivera rien. Calme-toi. Bientôt, nous serons chez tes grands-parents. Nous y arriverons dans quelques minutes. Tu verras.

— Tu m'as appelé « mon chou ». Ma mère aussi m'appelle « mon chou », lui a dit Martin.

L'enfant a mis sa tête sur les genoux de Catherine.

— Ah, mon pauvre chéri, lui a dit Catherine.

Pour la première fois depuis leur départ, Catherine s'est rendu compte que Martin était aussi malheureux qu'elle. Elle était surprise d'avoir ce genre de pensées. Peut-être qu'après tout, elle n'était pas si mauvaise que ça. Pour la première fois, elle s'est rendu compte que Martin n'était pas aussi ennuyeux qu'elle le pensait. Il était simplement un enfant, un enfant de sept ans qui se trouvait dans un autre pays sans personne, sauf sa baby-sitter. Pour la première fois, elle ressentait un peu d'affection pour Martin.

Catherine a regardé par la fenêtre. Elle a vu de belles montagnes vertes. Elle avait lu qu'il y avait une grande variété d'insectes et de plantes dans la forêt tropicale. Elle espérait qu'elle pourrait faire une randonnée dans la forêt tropicale pendant son séjour sur l'île. Elle avait un peu peur parce qu'elle n'aimait pas trop les animaux vénéneux, mais elle avait lu qu'il n'y en avait pas. Elle pourrait par contre voir la grande variété d'oiseaux qui existait sur l'île.

Maintenant le bus longeait la côte et la vue était splendide. Mais le bus continuait à cahoter comme une montagne russe à Disneyland. Elle s'est dit : « Je ne me plaindrai plus jamais des routes aux États-Unis. »

— Catherine, où sommes-nous ? On est déjà arrivés ? a demandé Martin.

Catherine a souri à sa question. Elle se rappelait quand elle avait posé la même question à sa mère. Elle pensait aux vacances et aux voyages en famille à Yellowstone ; aux voyages à Montréal au Canada ; aux voyages à Albuquerque pour rendre visite à son père. Tout cela lui faisait penser à sa propre famille, à sa propre mère et à sa propre maison. Tout à coup, elle s'est rendu compte qu'elle avait le mal du pays. Elle avait envie de pleurer comme un enfant. Elle voulait surtout être chez elle dans son lit.

— Nous ne sommes pas encore arrivés. Mais ça ne va pas tarder, elle lui a répondu.

— Bon, a dit le garçon. Je n'ai plus envie

de vomir.

— Je suis contente pour toi, Martin, a dit Catherine.

Catherine a regardé sa montre. Ce voyage était si long ! Tout à coup une forte pluie a commencé à tomber et tout le paysage a disparu dans la brume. Après tout, ils étaient bien dans la forêt tropicale.

Après une éternité, ils sont arrivés au village de Bouillante. Le village était très joli avec de petites maisons en bois très colorées et ornées de fleurs de toutes les couleurs. Il se trouvait juste au bord de la mer.

Martin était très content d'être à Bouillante. Il était si content d'être arrivé dans le village où habitaient ses grands-parents qu'il sautait et courait tout autour de Catherine. Il était content de ne plus être dans le bus. Catherine était aussi contente que lui. Elle aussi était heureuse de ne plus être dans le bus. Enfin, elle allait rencontrer les grands-parents de Martin. Catherine était si contente qu'elle aussi avait envie de sauter et de courir.

— Allons chercher des toilettes, a dit Catherine.

— D'accord, lui a-t-il répondu.

Ils ont trouvé les toilettes et ils ont mis des vêtements propres. Après s'être habillés avec des vêtements propres, ils sont allés chercher une cabine téléphonique. Catherine a vite trouvé une cabine et elle a tout de suite téléphoné à sa mère à Louisville. Cette fois sa mère a répondu.

— Maman, c'est moi, Catherine. Je suis si heureuse d'entendre ta voix, elle lui a crié en pleurant presque.

— Catherine, c'est bien toi ? lui a demandé sa mère. Je m'inquiétais beaucoup pour vous deux.

La jeune fille a remarqué la voix de sa mère. Sa voix tremblait un peu. Il était évident que sa mère avait très peur.

— Vous allez bien tous les deux ? lui a demandé sa mère.

— Oui, on va bien, et l'on est bien arrivés à la Guadeloupe, mais on a eu quelques difficultés.

— Je sais, lui a dit sa mère, M. et Mme Charron eux aussi ont eu des difficultés. Ils ont eu un accident de voiture en allant à l'aéroport. Ils ont téléphoné à la mère de Martin hier soir.

— Ah, je comprends maintenant pourquoi ils ne sont pas venus nous chercher à l'aéroport, a dit Catherine. Comment vont-ils ?

— Ils vont bien. L'accident n'était pas très grave, mais ils n'ont pas pu venir à l'aéroport parce qu'ils ont dû passer la nuit à l'hôpital à cause de leur âge. Le médecin s'inquiétait un peu et il voulait qu'ils passent la nuit à l'hôpital. La mère de Martin et moi, nous nous inquiétions beaucoup à votre sujet. Nous ne savions pas quoi faire. Nous ne savions pas comment vous contacter. C'était affreux. Nous avions très peur. Je suis tellement heureuse que tu me téléphones. Je me sens bien mieux maintenant. Où êtes-vous en ce moment ?

— Nous sommes à Bouillante, lui a dit Catherine.

— Bouillante ? lui a demandé sa mère.

— Maman ne t'inquiète pas. Nous sommes dans le village où habitent les grands-parents de Martin. Le village s'appelle Bouillante. Nous avons pris un bus pour y arriver et maintenant nous sommes à Bouillante, lui a expliqué Catherine.

— Bon sang, a dit la mère. Je pensais que quelque chose vous était arrivé. Quelles bonnes nouvelles ! Vous allez bien tous les deux ? Bon, écoute, il faut que tu téléphones à la mère de Martin pour lui dire que vous êtes sains et saufs et que tout va bien. Je ne sais toujours pas où se trouvent les grands-parents de Martin, elle te dira ce que tu dois faire.

— Bonne idée, maman. Au revoir.

Catherine a raccroché le téléphone.

Tout de suite après, elle a téléphoné à la mère de Martin. La mère a vite répondu au téléphone. Elle était triste et heureuse en même temps. Elle pleurait bien fort et elle avait un peu de difficultés à parler à Catherine. Mais, elle pouvait enfin lui parler. Elle savait finalement que son fils et Catherine allaient bien.

— Que je suis heureuse ! lui a dit la mère de Martin.

— Oui, nous sommes déjà à Bouillante et nous allons bien.

— Les grands-parents sont toujours à l'hôpital. Ils attendent l'arrivée du médecin qui leur dira s'ils peuvent quitter l'hôpital pour venir vous chercher. Ils m'ont téléphoné parce qu'ils ne savaient pas quoi faire. Ils ne savaient pas comment vous trouver. Mais, heureusement ils vont bientôt me téléphoner et je pourrai leur dire que vous allez bien tous les deux.

— Alors, a dit Catherine. Je vais vous téléphoner dans une demi-heure, pour savoir ce que je dois faire.

— D'accord, Catherine. À tout de suite et merci pour tout ce que tu fais pour mon fils.

Pendant qu'ils attendaient pour rappeler la mère de Martin, Catherine et Martin se sont promenés dans le village de Bouillante. C'était un joli village. Il y avait une boulangerie, des petits magasins, une belle église toute blanche, un bureau de poste et une école maternelle.

Après une bonne demi-heure, Catherine a rappelé la mère de Martin. Les grands-parents avaient laissé un message à la mère. Ils ne pouvaient pas venir tout de suite à Bouillante. Ils allaient venir les chercher à dix-neuf heures devant la mairie.

Catherine et Martin avaient pas mal de temps libre avant le rendez-vous avec les grands-parents. Catherine a décidé d'aller se promener dans la forêt tropicale en attendant l'arrivée des grands-parents. Elle n'était pas très contente d'y aller avec un gamin de sept ans, mais elle a décidé de le faire quand même.

— Martin, allons nous promener dans la forêt tropicale en attendant l'arrivée de tes grands-parents, lui a dit Catherine.

Martin a commencé à crier et à sautiller. Il était très content. Il pensait que Catherine était super cool. Elle était bien contente, elle aussi. Cette aventure se passait de mieux en mieux.

Catherine a décidé qu'ils n'avaient pas le temps d'aller jusqu'au sommet du volcan appelé La Soufrière. Et en plus la randonnée serait trop difficile pour Martin. Donc, ils ont décidé de prendre un bus pour aller visiter le parc des Mamelles. Là-bas, ils ont exploré la canopée en passant d'arbre en arbre sur des ponts suspendus. Ils étaient très surpris d'entendre le bruit incessant et aigu des insectes et des grenouilles qui habitent la forêt mais qu'on ne voit pas pendant la journée. Catherine et Martin ont eu beaucoup de chance parce qu'ils ont vu aussi l'animal symbole du parc, le « ti-racoon », une sorte de raton laveur.

Catherine et Martin sont vite retournés au bus parce qu'ils savaient que, sous les tropiques, la nuit tombe très tôt et ils ne voulaient pas se perdre dans la forêt.

Chapitre six

Après avoir visité la forêt tropicale, Catherine et Martin sont retournés à Bouillante pour rencontrer les grands-parents de Martin.

— J'espère qu'ils seront là, a dit le garçon. Je serai très triste si mamie et papi ne sont pas là.

— Moi aussi, a dit Catherine.

Pour la première fois elle ne voulait pas se séparer de Martin. En fait, elle voulait vraiment faire la connaissance des grands-parents.

Ils sont arrivés devant la mairie dans le village de Bouillante et Catherine a aperçu un beau couple. L'homme était grand et mince. Il n'avait pas de cheveux. Il était chauve. La femme était petite et elle portait une robe rouge. Catherine s'est approchée d'eux et leur a demandé :

— Etes-vous monsieur et madame Charron ?

— Oui, ils ont répondu ensemble.

Ils ont regardé Martin et la dame qui s'appelait Nicole lui a dit :

— Tu es Martin. Tu es mon petit-fils. Quel plaisir de faire ta connaissance. Je ne peux pas te dire comme je suis heureuse de te voir.

Tous les deux se sont approchés de leur petit-fils pour le serrer bien fort dans leurs bras. Ils ont dit à Catherine qu'ils lui étaient très reconnaissants de leur permettre de connaître leur petit-fils. Madame Charron était si heureuse qu'elle a commencé à pleurer.

Ils ont remercié Catherine d'avoir emmené leur petit-fils à la Guadeloupe. Ils lui ont dit que c'était un plaisir de voir leur petit-fils et que tout cela était possible grâce à elle. Catherine était très heureuse. Elle prenait un grand plaisir à voir Martin avec ses grands-parents. Finalement, tout allait bien.

— C'était très embêtant qu'on n'ait pas pu venir vous chercher à l'aéroport ! a dit Mme Charron.

— Tout s'est bien passé, leur dit Catherine. Nous sommes arrivés sains et saufs et nous allons bien tous les deux. Est-ce que vous allez mieux depuis l'accident de voiture ?

— Oui, on va mieux. Ce n'était pas très

grave, mais il nous a fallu passer la nuit à l'hôpital à cause de notre âge. Nous sommes vieux, a ajouté la dame en riant.

— Martin, tu es vraiment un garçon chanceux, lui a dit sa grand-mère. Tu as de la chance de venir nous rendre visite à la Guadeloupe. C'est grâce à Catherine que tu es ici avec nous.

Catherine était très touchée par ce que la grand-mère disait. Elle était vraiment très gentille. À l'entendre, Catherine avait l'impression qu'elle avait fait quelque chose de très important pour eux et pour Martin.

— Vous avez faim, mes enfants ? a demandé Mme Charron.

— Oui, on meurt de faim, a répondu Martin.

— Allons à la maison, leur a dit la grand-mère. J'ai un bon court-bouillon de poissons. C'est du poisson tout frais préparé dans une sauce à la tomate.

Tout le monde est allé à la maison à pied. Catherine allait très bien maintenant. Elle savait qu'elle était une personne différente. Quand elle est arrivée à la Guadeloupe, elle voulait seulement aller à la plage et voyager toute seule. Mais ça, c'était avant. Maintenant, elle voulait passer du temps avec Martin et ses grands-parents. Elle voulait visiter l'île de la Guadeloupe en famille. Elle n'avait plus envie d'être seule. Pour la première fois, elle voulait visiter l'île avec Martin et sa famille. Ce sera un voyage extraordinaire. Ce sera bien mieux que d'aller faire du shopping, de travailler au MacDo, ou de se bronzer à la piscine avec ses amis.

— Allons-y, Catherine, a dit Martin. Il y a beaucoup à voir et à faire. Nous sommes en Guadeloupe !

— D'accord, Martin, a dit Catherine en prenant la petite main du garçon. Je suis prête.

FIN

VOCABULAIRE

Unless a subject of a verb in the vocabulary list is expressly mentioned, the subject is third-person singular. For example, *annonçait* is given as only *announced*. In complete form this would be *she, he* or *it announced*.

The following table gives the endings for three tenses of most verbs. It may help you understand when things happen and who is doing them:

	IMPERFECT (past tense: frequent, habitual, or *was _____ -ing*) Short base +	FUTURE Infinitive or irregular long base +	CONDITIONAL (present or future: *would*) Infinitive or irregular long base +
je	ais	ai	ais
tu	ais	as	ais
il/elle	ait	a	ait
nous	ions	ons	ions
vous	iez	ez	iez
ils/elles	aient	ont	aient

Remember that *-ment* at the end of a French word usually is equivalent to *-ly* at the end of an English word; for example, *absolument* means *absolutely*.

Abbreviations: adj. = adjective, p.p. = past participle

a has
   il y a there is, there are
   il y a cinq ans five years before
   il y a une heure an hour ago
   il y a eu there were
   qu'est-ce qu'il y a ? what is it?, what's up?, what's going on?, what's the matter?

à to, in, at, with, until
   à la maison at home
   à tout de suite see you right away, talk to you right away
   à toute vitesse as fast as he could
   à tue tête as loud as he could
   à voix basse in a low voice
   avait à voir avec did ... have

to do with

aboli abolished (p.p.)

accompagnée de accompanied by

accompagner to accompany

accompagnés de accompanied by

acheter to buy

admirer to admire

adorer to love

affreux horrible

afin de in order to

agacée annoyed

agent de police policeman

agréable nice

ai (I) have

aide : voulait qu'elle l'aide wanted her to help her

aie : comment se fait-il que j'aie how does it happen that I have

aidait helped

aide help (noun)

aider to help

aigu high-pitched

aille : il faut que j'aille I have to go, it is necessary that I go
 veut qu'il aille wants him to go

ailles : il faut que tu y ailles you have to go there

aimer to like, to love

air : avait l'air seemed

aise : mal à l'aise uncomfortable

ait : C. trouvait … curieux qu'il n'y ait pas C. found it … curious that there weren't any
 c'était très embêtant qu'on n'ait pas pu it really was a pity (literally, annoying or

bothersome) that we couldn't

ajouter to add

allaient (they) were going
 lui allaient très bien looked good on her

allais : si tu allais manger why don't you go eat?

allée : était allée had gone

allées et venues comings and goings

aller to go
 s'en aller to go out

allez : vous allez bien ? are you well?

allongeait : s'allongeait continued

allons-y let's go

alors so

amusant fun (adj.)

amuser : m'amuser, s'amuser, t'amuser to have fun

ananas pineapple

anciens old

ange angel

animaux animals

animée busy

annee : l'annee scolaire the school year

anniversaire birthday

annonçait announced

apaiser to calm down

aperçu noticed (p.p.)

apparentes visible

appelait called
 s'appelait was named

appelé called (p.p., adj.)

appelée called (p.p.)

appelle calls, I call
 s'appelle is named

applaudissait (they) clapped

apporter to bring

apprécié liked (p.p., adj.)
apprécier to appreciate
appris learned, taught (p.p.)
approchée : s'est approchée went up to
après after, after that
après-midi afternoon(s)
arborescentes : fougères aborescentes tree ferns
arbre tree
arôme arum (flower)
arrêt : sans arrêt all the time, without stopping
arreter, s'arreter to stop
arrivait was arriving, arrived
   n'y arrivait pas couldn't do it
arriver to arrive, happen
arrivera : il ne t'arrivera rien nothing will happen to you
as (you) have
   as de la chance (you) are lucky
asseyons-nous let's sit down
assez enough, fairly
assiette plate
assis seated, sitting (p.p., adj.)
   il s'est assis he sat down
   ils se sont assis they sat down
assise sitting
a-t-elle has she
a-t-il has he
attendons (let's) wait
attendre to wait (for)
attends wait (command)
attendu waited (p.p.)
atterrir to land
au (à + il) at the, in the, to the
aubergines eggplant

aucun(e) : ne ... aucun(e) not ... any, no (adj.)
aujourd'hui today
aura : il n'y aura pas there won't be
aurais (you) would have
   je n'aurais peut-être pas dû le faire maybe I shouldn't have done it
aurait had, would have
   il n'y aurait there wouldn't be
   n'aurait pas dû venir shouldn't have come
auront (they) will have
aussi also, as
autant so much
autour de around
autre other
   autre chose something else
autres other
aux to the, of the, at the
   aux cheveux roux with red hair
avaient (they) had
avais (you, I) had
avait had
avait-elle had she
avant before
avare stingy
avec with
aventure adventure
avez (you) have
   avez besoin (you) need
   avez faim (you) are hungry
   avez peur (you) are afraid
avion airplane
   en avion by plane
avoir to have
   avoir peur to be scared
avons (we) have

baie bay
baigner : tu vas te baigner
  you're going to swim
bain : salle de bain bathroom
balisier wild plantain (plant)
ballon balloon
bananeraies banana plantations
basse low
bateaux boats
bâtiments buildings
battre : se battre to fight
beau handsome, beautiful
  il fait beau the weather is
    beautiful
beaucoup a lot
  il n'y a plus beaucoup de
    there aren't very many
beauté beauty
beaux good-looking
bébé baby
bel, belle beautiful
besoin need (noun)
  avoir besoin de to need
beurre butter
bien well, really
  bien d'autres lots of other
  bien mieux much better
  bien plus much more
  bien regardé looked hard
  bien simple really simple
  bien sûr of course
bientôt soon
biguine biguine (a Caribbean
  music and dance style)
biscuits cookies
bisous kisses
bizarre weird, strange
blanc, blanche white
bleu blue
blonds blond (adj.)

boire to drink
bois wood
boisson drink (noun)
bonhomme good fellow
bord edge
  tout au bord right on the
    edge
bouche mouth
boulangerie bakery
bout end
bouteille bottle
boutons pimples
bras arm
  bras de mer stretch of water
brillants shining
bronzer : se bronzer au
  soleil to get a suntan
bruit noise
brume mist
bruns brown
bruyant noisy
bu drunk, drank (p.p.)
bureau de poste post office
c' abbreviation for *ce* before *e*
c'est it is
c'était it was
ça that
  comment ça se fait ? how
    come? (how does it happen?)
cabine téléphonique phone
  booth
cacahouètes peanuts
cacao cocoa bean
cachaient : se cachaient
  (they) were hiding
cacher to hide
cadeau present
café coffee
cahoter to bounce and shake
calmer to calm down
calme-toi calm down, relax

(command)
camionnettes vans
canne cane
canettes cans
canopée canopy
cantine cafeteria
capricieux moody, tempera-
  mental
Caraïbes Caribbean
carreaux tiles
carte card
cas : au cas où in case
cause : à cause de because of
ce it, this, that
cela that
célibataire single
celle the one
centaines hundreds
centre commercial mall
ces these, those
cet, cette this, that
ceux those, these
chaleur heat
chambre room
chance luck
  as de la chance (you) are
    lucky
chanceux lucky
changer to change
chanter to sing
chaque each
chaud(e) warm
chauffeur driver
chauve bald
**chemin : je me suis trompé
  de chemin** I went the wrong
  way
chemisier blouse
chercher to get (pick up), to
  look for
chéri(e) dear

cheval horse
chevaux horses
cheveux hair
chez at the house of, at (fol-
  lowed by business name)
chien dog
chose thing
  pas grand-chose not much,
    not a lot
chou : mon chou my dear
chouette cool, great, super
chuchoté whispered (p.p.)
chutes d'eau waterfalls
cimetière cemetery
cinéma movie theater
  aller au cinéma to go to the
    movies
cinquième fifth
circulation traffic
classé classified as
client customer
cœur : avait mal au cœur
  was sick to his stomach
coiffée : s'est coiffée did her
  hair
coiffures hair styles
coincée stuck, trapped (p.p.)
collège junior high school
colorées colorful
combien how much
comme as, like
commencer to begin, to start
comment how
  comment ? what?, pardon
    me?, what's that?
  comment ça se fait que ?
    how come? (how does it hap-
    pen that)
  comment est la G. ? what is
    G. like?
  comment étaient les gens

what the people were like

comment faire ? what to do?

comment se fait-il que ? how come?

comment vont-ils ? how are they doing?

commercial : centre commercial mall

commissariat de police police station

communiquer to communicate

comparaison comparison

en comparaison de compared to

comprendre to understand

compris understood (p.p.)

compte : s'est rendu compte realized

connaissait knew

conducteur driver

conduire to drive

conduisaient (they) drove

conduisait drove

conduisez-moi drive me (command)

confiance : lui faire confiance to trust him

confiture jam

congé vacation

connaissait knew

connaissance : faire la connaissance to meet

connaître to know

connu known (adj.)

consenti agreed (p.p.)

continuer to continue

contre against

par contre on the other hand

coraux coral

côte coast

côté side

à côté de beside

cou neck

couleurs colors

coup : d'un seul coup suddenly

tout à coup suddenly

coups : donner des coups de pied to kick

courageux brave

courir to run

cours classes

court short

court-bouillon flavored bouillon

courts short

couru ran (p.p.)

couverte covered (adj.)

couverture blanket

crier to yell, shout

cris screams (noun)

croire to believe

ne pouvait en croire ses yeux couldn't believe her eyes (about it)

croyais (I) thought

cru thought (p.p.)

cuisine kitchen

cuites cooked (adj.)

curieuse curious

curieux strange

d' abbreviation for *de* before beginning *h* or vowel

d'abord first

d'accord okay, I agree, do you agree?

es d'accord (you) agree

d'acheter : venait juste d'acheter had just bought

d'arbre en arbre from tree to tree

d'autres more, some other
d'exportation exported
dame woman
dans in
  avoir dans les soixante-dix ans be around 70 years old
de of, to, about, from, some
débarquer to get off
début beginning (noun)
décidément clearly, obviously
décider to decide
décoller to take off
découverte discovered (p.p.)
dégoûtant disgusting
dégoûtent (they) disgust
déjà already
déjeuner : petit déjeuner breakfast
demandaient (they) asked, required
demandait asked
  se demandait wondered
demandé asked (p.p.)
demander to ask
  se demander to wonder
demi-heure half an hour
dents teeth
départ departure
déposé dropped off (p.p.)
déposez-moi drop me off, let me get out (command)
depuis since, for
dernier, dernière last
déroulerait : se déroulerait would go
des some, of the
dès : dès que as soon as
désagréables unpleasant
descendre to get out
descendue got out (p.p.)
descendus got off (p.p.)

désespéré desperate
détester to hate
détruits destroyed (p.p.)
deuxième second
devaient (they) should have
devait ought to, should, must (past)
devant in front of
devenaient (they) were becoming, were getting
devenait became
devenu became, become (p.p.)
devez (you) must
devoirs homework
dévoré devoured (p.p.)
difficile difficult
difficultés problems
dire to tell
dis hey; say, tell (command)
disaient (they) said
disait : se disait told herself
disant : en lui disant while telling her
disparu disappeared (p.p.)
dissertations essays
dit said, told (p.p.)
dois (you, I) must, owe
doivent (they) should
donc then, so
donner to give
  donner des coups de pied to kick
dont (of) which
doré gold (adj.)
dormir to sleep
dos : sac à dos backpack
douane customs
douce soft
doucement slowly
douze twelve
dû should have (p.p.)

je n'aurais peut-être pas dû le faire maybe I shouldn't have done it

n'aurait pas dû venir shouldn't have come

ont dû (they) had to

du (de + il) of the

du moins at least

du tout at all

dur, dure hard

eau water

école school

école maternelle preschool

écouter (de) to listen (to)

écouteurs earphones

écrevisses shrimp

écrire to write

écrit written (adj.)

effet : en effet actually

église church

égoïste selfish

elle she, her

elles they (feminine)

embarquer to board

embêtait bothered

embêtant a pity (literally, annoying or bothersome)

embrasser to kiss

emmener to take, to bring

emportés brought (p.p.)

en in, it, this, from it, of them, some, while (before a verb ending in *-nt*); one use is to refer to something just mentioned; there is not always an equivalent in English

  aller en cours to go to classes

  animaux vénéneux ... il n'y en avait pas poisonous animals ... there weren't any of them

C. en avait mal aux oreilles C.'s ears hurt

C. voulait s'en aller C. wanted to go out

courir en tournant en rond to run around in a circle

d'arbre en arbre from tree to tree

de mieux en mieux better and better

de moins en moins less and less

de pire en pire worse and worse

de plus en plus more and more

en avait marre de was fed up with

en effet actually

en fait in fact

en famille together as a family

en même temps at the same time

en plus besides

en quoi ça me concerne ? what does that have to do with me?

en retard late

en train de in the process of

il y en avait des centaines there were hundreds of them

j'en suis sure I'm sure of it

je t'en prie please (I ask it of you)

je vais t'en apporter deux cannettes I'll bring you two of the cans

ne pouvait en croire ses yeux couldn't believe her

eyes (about it)

ne t'en fais pas don't worry (command)

tu en voudrais un you would like one of them

enchantée delighted (greeting)

encore again

  encore une fois again

  encore plus even more

  ne ... pas encore not yet

endormi : s'est endormi fell asleep

endroit place

enfant child

enfin well (for exasperation or resignation), finally

ennui problem

ennuyeux annoying

énormément greatly

ensemble together

ensuite then

entendre to hear

entièrement entirely

entre between

envie : avoir envie to want, to feel like

  n'avait envie de rien didn't feel like having anything

  je n'ai plus envie de ... I don't feel like ... any more

environ approximately, about

épaules shoulders

épices spices

épouvantables horrible

es (you) are

esclavage slavery

espère (I) hope

espèces kinds

espérait hoped

essayer to try

essuyé wiped (p.p.)

est is

est-ce que introduces a question

et and

étaient (they) were

étais (I) was

étais-tu were you

était was

était-elle was it

était-il was he

étangs ponds

étant being

état condition, state

Etats-Unis United States

été summer

êtes (you) are

êtes-vous are you

étonnée amazed

étrange strange

étranger foreign

étrangers strangers

être to be

eu, eus had (p.p.)

eux them, they

évidemment of course

évident obvious

examens exams

excusez-moi excuse me (command)

existait existed

exotiques exotic

expliquer to explain

exploré explored (p.p.)

exploser to explode

fâché angry

fâcher : se fâcher to get angry

facile easy

façon way

faim hunger

  avoir faim to be hungry

faire to do

faire la grasse matinée to sleep late
faire les magasins to shop
faire ta valise to pack your suitcase
faire un voyage to take a trip
faire confiance to trust
faire la connaissance to meet
fais : ne t'en fais pas don't worry (command)
faisaient (they) did
faisait did, made
fais-le do it (command)
fait did, made, done (p.p.); fact
  en fait in fact
  fait attention paid attention
  fait partie is part
  il fait beau the weather is beautiful
  tout à fait completely
fait-il : comment se fait-il how does it happen
fallait être had to be
fallu : il nous a fallu we had to
fameux famous
famille family
  en famille together as a family
fascinée fascinated (p.p.)
fasse : avait peur que ... les fasse was afraid that ... would make them
faune : la faune et la flore the flora and fauna
faut : il faut it's necessary
fée fairy
femme woman
fenêtre window

ferai (I) will do
ferait de son mieux would do her best
ferme firm (adj.)
fermes farms
figure face
file lane
fille daughter
fils son
fin end
finalement at last, finally
finis ended (adj.)
fleurs flowers
flore : la faune et la flore the flora and fauna
fois time, occasion
folle crazy
foncé : bleu foncé dark blue
fond bottom
force : à force de from having to
forêt forest
forme shape (noun)
formée made up of
fort, forte loud
fougères aborescentes tree ferns
frais fresh
frère brother
frisés curly
frites French fries
furieux furious
gamin kid
garçon boy
gardait babysat
garde : dont j'avais la garde which I was taking care of
gardé kept (p.p.)
garder des enfants to babysit
gâteaux secs cookies
gâtée spoiled (adj.)

gênée embarrassed (adj.)
génial great, cool, super
genoux knees
  sur les genoux in her lap
genre kind (noun)
gens people
gentil, gentille nice
gentiment gently
glace ice cream
gonflé blown up (p.p.)
gosse kid
goûter snack
grâce thanks
grand tall, big, great
grand-chose : pas grand-chose not much
grandes vacances summer vacation
grand-mère grandmother
grand-père grandfather
grasse : faire la grasse matinée to sleep late
grave serious
grenouilles frogs
gros big, huge
  gros bisous lots of kisses
Guadeloupéens Guadeloupeans, people of Guadeloupe
habillés dressed (p.p.)
  aprés s'être habillés after getting dressed
habitants inhabitants
habitées inhabited (adj.)
habiter to live
habitude : n'avait pas l'habitude de wasn't used to
hallucine (I) can't believe it
heure hour, time
heureuse happy, glad
heureusement fortunately

heureux happy, glad
hier yesterday
histoire history
homme man
honte : avait honte was ashamed
hôtesse (de l'air) stewardess, flight attendant
humeur mood
hurlé yelled (p.p.)
hyper really, very
ici here
idée idea
idiots stupid (adj.)
ignorait ignored
il he, it
  il fait beau the weather is beautiful
  il y a ago, there is, there are
  il y avait there were, there was
  qu'est-ce qu'il y a ? what is it?, what's up?, what's going on?, what's the matter?
île island
ils they
imaginé imagined (p.p.)
imiter to imitate
incendies fires (noun)
incroyable unbelievable
infirmière nurse
inquiète worried (adj.)
inquiéter : m'inquiéter, s'inquiéter to worry
insisté insisted (p.p.)
institutrice teacher
intéressant interesting
intéressent (they) interest
ira will go
irai (I) will go
irait could go, would go

irez (you) will go

j' abbreviation for *je* before beginning *h* or vowel

jamais de la vie never in my life

je I

jeune young

joli pretty

joue cheek

jouer to play

jouet toy

jour, journée day

jusqu'à, jusqu'au until

juste just, fair

   venait juste had just

l' abbreviation for *le* or *la* before beginning *h* or vowel

l'on they, one, we

la the, her

là, là-bas there

là-dedans : qu'est-ce que je viens faire là-dedans ? what does that have to do with me?

laides ugly

laissé left (p.p.)

laisse-moi let me (command)

laissez-moi let me (command)

lait milk

langue language

larges wide

laveur : raton laveur raccoon

le the, it, him

leçon lesson

légumes vegetables

lendemain next day

lentement slowly

les the, them

leur (to) them, their

  leur permettre de connaître leur letting them meet their

leurs their

levée : s'est levée got up, stood up

levés : se sont levés (they) stood up, got up

lèvres lips

libre free

lire to read

lisait was reading

lise : voulait que C. lui lise wanted C. to read to him

lis-le-moi read it to me (command)

lis-moi read to me (command)

lit bed

livre book

loin far

longeait went along

longtemps a long time

lors de at the time of, during

lu read (p.p.)

lui (to) her/him, for her, he

  qu'en savait-il, lui ? what did *he* know about it? (for emphasis)

lutté fought (p.p.)

luxuriante luxurious

lycée high school

M. (monsieur) Mr.

m' abbreviation for *me* before beginning *h* or vowel

m'appelle calls me, my name is

ma my

mâcher to chew

magasins stores

magnifique incredible, magnificent

main hand

maintenant now

mairie town hall

mais but

maison house, home
mal bad, badly
  avait mal au cœur was sick
    to his stomach
  j'ai du mal I have trouble
  mal à la tête headache
  mal à l'aise uncomfortable
  mal du pays homesick
  pas mal de quite a lot of
malade sick
malheureusement unfortu-
  nately
malheureux unhappy
maman mom
mamelles breasts
mamie grandma
manger to eat
manière way
manquait : son père lui
  manquait she missed her
  father
  il ne me manquait plus que
    ça that was the last thing I
    needed
manque : elle te manque you
  miss her
manquer : tu vas me man-
  quer I'm going to miss you
maquillage makeup
marché market
marre : en avait marre de
  was fed up with
marron brown
maternelle : école mater-
  nelle preschool
matinee : faire la grasse
  matinée to sleep late
mauvais bad
me me, to me
médecin doctor
mêler : se mêler to meddle

même same, even
  quand même even so, any-
    way
  le jour même that very day
mer sea
mère mother
merveilleux marvellous
mes my
meurt : on meurt de faim we
  are dying of hunger
Mexique Mexico
mieux best, better
  de mieux en mieux better
    and better
  ferait de son mieux would
    do her best
mignon cute
milieu : au milieu de in the
  middle of
mince thin
miroir mirror
mis put, put on (p.p.)
  s'est mis(e) à started to
Mme Mrs.
moi me
moins less
  au moins at least
  de moins en moins less and
    less
  du moins at least
mois months
moment-là : ce moment-là
  that moment
mon my
monde : tout le monde everyone
monnaie money
monsieur Mister
montagne mountain
  montagne russe roller coast-
    er

montée dans got into (p.p.)
monter to get on
monterait : voulait être certaine qu'il monterait bien wanted to be sure that he got on with no problem
montés : sont montés got on
montre watch (noun)
monts hills
mouillé wet
moutarde mustard
moyenne température mean temperature
musée museum
musique music
n' abbreviation for *ne* before beginning *h* or vowel
  il n'y aura pas there won't be
nager to swim
ne ... pas not (with verb)
ne ... que only (with verb)
neige snow
nette clear
ni ... ni neither...nor (with verb)
Noël Christmas
noir(es) black
nombreuses, nombreux numerous
noms names
nord north
non plus (not) either
nos our
notes grades
notre our
nous we
nouveau new
  à nouveau again
  de nouveau once again
nouveaux new

nouvelle(s) news, new
nuages clouds
nuit night
numéro number
obligée forced, obliged
occasion opportunity
occupée busy
  ne s'était pas occupée had not taken care of
occuper : s'occuper de to take care of
odeurs smells (noun)
officielle official
oignons onions
oiseau bird
oiseaux birds
on we, they, one
  l'on they, one, we
ont (they) have
opposée opposite
orchidées orchids
oreiller pillow
oreille ear
ornées decorated (adj.)
osait dared
ou or
où where
oublié forgotten (p.p.)
ours bear (noun)
Outre-mer Overseas
ouvert opened (p.p.)
pain bread
paix peace
pancarte sign
panneaux signs
pantalon pants
papi grandpa
papillon butterfly
paquet package
par by, per, out of, through
  par contre on the other hand

par terre on the floor
paraissent (they) seem
parc : **Parc Zoologique** zoo
parce que because
parfait perfect
parfaitement perfectly
parle : **l'on parle** is spoken
  on y parle is spoken
parler to talk
parmi among
part : **quelque part** somewhere
partie part
  fait partie de is a part of
partir to leave
partout everywhere
pas : **ne ... pas** not (with verb)
  pas mal de quite a lot of
passagers passengers
passagère female passenger
passait passed
  se passait was going (happening)
passant passing
passe spend
  se passe is happening
passé passed through, spent (p.p.)
  est passé did go
passent (they) spend
passer to spend, take
passerait would spend
  se passerait would go
passe-t-il : **que se passe-t-il ?** what's wrong?
pastèque watermelon
pauvre poor
payer to pay
pays country, countries
paysage countryside
peau skin

pêchés fished (p.p.)
pêcheurs fishermen
pédestres : **sentiers pédestres** footpaths
pendant during, for, while
pendu : **s'est pendu** clung to
pensées thoughts
penser to think
perchés perched (p.p.)
perdre : **se perdre** to get lost
perdu lost (p.p., adj.)
  je me suis perdu I got lost
  s'est perdu got lost, is lost
père father
permettre to allow
personne anyone
  ne ... personne nobody (with verb)
personnes people
petit little (adj.), little one (noun)
petit-fils grandson
pétrin : **serait ... dans le pétrin** would be in trouble
peu : **un peu** a bit
peur : **avoir peur** to be scared
peut-être maybe
peuvent (they) can
peux (you, I) can
pied foot
  donner un coup de pied to kick
pincé pinched (p.p.)
pipi : **faire pipi** to urinate
pire : **de pire en pire** worse and worse
piscine pool
place square, seat
  à sa place in place of her
plage beach
plaignaient : **se plaignaient**

(they) complained
plaindrai : me plaindrai (I)
will complain
plaire to please
plaisir pleasure
plaît : s'il te plaît please
s'il vous plait please
plein full, plenty, a lot
plein les dents all over his
teeth
pleine, pleines full
pleurer to cry
pleurnichard crybaby
plongée diving (noun)
pluie rain (noun)
plus (de) more
bien plus much more
de plus en plus more and
more
en plus besides
encore plus even more
**il ne me manquait plus que
ça** that was the last thing I
needed
il n'y a plus beaucoup de
there aren't very many
la plus grande the largest
le plus vite possible as fast
as possible
ne (...) plus not anymore
non plus (not) either
plus tard later
un des plus anciens one of
the oldest
plusieurs several
plutôt instead
poète poet
pois : petits pois peas
poisson fish
politique : homme politique
politician

pont bridge
portait was wearing
porte door
portera will be wearing
posé asked (p.p.)
poste : bureau de poste post
office
pour for, (in order) to
pour qu'il so that he
pourquoi why
pourrai (I) will be able to
pourrais (you) will be able to
pourrait would be able, could
pourrait-elle would she be
able to
poussé let out (p.p.)
pouvaient (they) could
pouvait could
pouvait-elle could she
pouvait-il could he
pouvoir to be able to
précipitée : s'est précipitée
hurried
préférait would prefer
préféré(e)(s) favorite
premier, première first
prenait took
prenant taking
prendrait would take
prendre to take
**prenne : est-ce qu'elle
voulait que tout le monde la
prenne pour** would she like
everybody to take her for
préparé prepared (p.p.)
près near
présenter to present
presque almost
prête ready
prévu expected, planned (p.p.)
prie : je t'en prie please (I ask

it of you)
pris took (p.p.)
prochains next
produits products
prof teacher
profiter to take advantage (of)
projets projects
promener : se promener to
walk
promets (I) promise
promis promised (p.p.)
propre own, clean
protéger to protect
pu could, been able to (p.p.)
  **c'était très embêtant qu'on
n'ait pas pu** it really was a
pity (literally, annoying or
bothersome) that we couldn't
puis then
puisse : pour qu'il puisse so
that he can
qu' abbreviation for *que* before
beginning silent *h* or vowel
qu'à : ne pense qu'à elle (she)
only thinks of herself
**qu'elle : est-ce qu'elle
voulait que tout le monde la
prenne pour** would she like
everybody to take her for
qu'en savait-il what did he
know about it
qu'est-ce que what (asking a
question)
  qu'est-ce que tu as ? what's
wrong?
quand when
  quand même even so, any-
way
que what, as, than, that
  que je suis content I am so
happy

quel, quelle what (a)
quelque some
  quelque part somewhere
quelques several, a few
qui which, who
quinze fifteen
  quinze jours two weeks
quitter to leave
quoi what
raccroché hung up (p.p.)
racines roots
raconté told (p.p.)
raison reason
raisonnable good, well-
behaved
randonnée hike (noun)
ranger to tidy up, to clean up
rapidement quickly
rappelait : se rappelait
remembered
rappeler to call again
rassurer to assure
raton laveur raccoon
réagi reacted (p.p.)
recherche search (noun)
reconnaissait recognized
reconnaissants de grateful for
reconnaîtras (you) will recog-
nize
reconnu recognized (p.p.)
réfléchi thought (p.p.)
réfléchir to think
réfléchissait thought
regardée : s'est regardée
looked at herself
regarder to look at
relu reread (p.p.)
remarqué noticed (p.p.)
remercié thanked (p.p.)
remettre to deliver
remis delivered (p.p.)

s'est remis started again
rencontrer to meet
rende : pour qu'il rende visite to visit, so he can visit
rendre visite to visit
rendu : s'est rendu compte realized
rentrer to return (to one's home)
repas meal
répondre to answer
réponse answer (noun)
ressemblaient (they) looked like
ressemblait looked like
ressentait felt
reste rest (noun)
rester to stay
retard : en retard late
retiré pulled way (p.p.)
retour return trip
retournée returned (p.p.)
  s'est retournée turned
retrouver to find
rêvait dreamed
reveille : s'est réveillé woke up
revenu returned (p.p.)
reviendrait would come back
reviendras : quand tu reviendras when you return (future)
revoir : au revoir goodbye
rhum rum
riant laughing
richesses riches
rien nothing
  ne ... rien nothing, not ... anything (with verb)
  rien du tout nothing at all
rigoles (you) are joking

rire to laugh
rivière river
robe dress
rond : courir en tournant en rond to run around in a circle
rouge red
roulait was moving, was going along
route road
roux red (hair color)
russe : montagne russe roller coaster
s' abbreviation for *se* before beginning *h* or vowel and for *si* before *il* or *ils*)
sa her, his
sable sand
sac purse
  sac à dos backpack
sage good, well-behaved
sain et sauf safe and sound
sais (I, you) know
saison season
sale dirty
salle de bain bathroom
salut hi
sang : bon sang ! good grief!
sans without
  sans arrêt all the time, without stopping
sauf except
  sain et sauf safe and sound
saurais you knew
sauter to jump
sautiller to hop
sauvages wild
savoir to know
scolaire : l'année scolaire the school year
se himself, herself (with verb)
secours : au secours ! help!

secs : gâteaux secs cookies
séjour stay (noun)
sel salt
semaine week
semblaient (they) seemed
sens : me sens (I) feel
sent le chien smells like a dog
sentait : se sentait felt
  sentait des pieds had smelly
   feet
sentent (they) smell
sentiers : sentiers pédestres
 footpaths
sentir : se sentir to feel
sépare separates
séparées separated (adj.)
séparer to separate
sera will be
serai (I) will be
seraient (they) would be
serais (I, you) would be
serait would be
serons (we) will be
seront (they) will be
serrer to hug
sert : on sert they serve
  on se sert is used
servi served (p.p.)
  on leur a servi le diner din-
   ner was served to them
ses her, his
seul only
  un seul a single
seule alone
seulement only, just
sévère strict
short shorts
si so, as, if; yes (answering a
 negative)
  mais si ! oh yes!
  si tu allais manger why

don't you go eat?
siège seat
silencieuse quiet
silencieux quiet
simplement simply
  tout simplement just
singes monkeys
sinueuses windy, curved
situé located
sœur sister
**soient : je suis … contente
 que les cours soient** I'm …
 happy that classes are
soir : hier soir last night
sois be (command)
**soit : était … heureuse que
 ce soit** was … happy that it
 was
  voulait … que M. soit wanted M. to be
  **n'a pas vu un … homme
  qui soit** didn't see a … man
  who was
soixante-dix seventy
soleil sun
sommes (we) are
sommes-nous are we
sommet summit
son her, his
sont (they) are
sortait was going out
sortant leaving
sorte kind, type
sortir to leave
souffert suffered (p.p.)
soulagée relieved (adj.)
soupir sigh (noun)
sources springs (water)
sourire to smile
sous under
sous-marine underwater

souvent often
souvenue : s'est souvenue remembered
souviens-toi do you remember; remember (command)
sucre sugar
suis (I) am
suite : tout de suite right away
  à tout de suite see you right away, talk to you right away
suivait took
sujet : à votre sujet about you
super great
supportait put up with
supposait supposed
sur on
sûr : bien sûr of course
sûre sure
tachées stained (adj.)
tard : plus tard later
tarder : ne va pas tarder won't be long
te (to) you
télécarte phone card
téléphoner to phone
téléphonique : cabine téléphonique phone booth
tellement so
temps time
tendu held (p.p.)
terre land
  par terre on the floor
terribles great
tes your
tête head
  à tue tête at the top of his lungs
  mal à la tête headache
toi you
toilettes bathroom

tomber to fall
ton your, tone
tôt early
touché(e) touched (p.p.)
toujours always
touristique tourist (adj.)
tournant turning
  courir en tournant en rond to run around in a circle
tourné : s'est tourné turned
tous all
  tous les deux both
tout(e) all, everything
  à toute vitesse at full speed
  ne ... pas du tout not ... at all
  rien du tout nothing at all
  tout à coup suddenly
  tout à fait completely
  tout au bord right on the edge
  tout ce que, tout ce qui everything that
  tout de suite immediately
  tout le monde everyone
  tout simplement just
toutes les deux minutes every two minutes
train : en train de in the process of
travail work (noun)
travailler to work
traverser to cross
tremblait shook
tremblements de terre earthquakes
triste sad
trompé : je me suis trompé de chemin I went the wrong way
trop too many, too much

troué : était troué had holes
trouvait found
  se trouvait was (located)
  se trouvait belle thought
  she was beautiful
  trouvait un peu curieux
  found it a bit strange
trouve : se trouve is (located)
trouvent : se trouvent (they)
  are (located)
trouver to find
tu you
tue : à tue tête at the top of
  his lungs
utilisaient (they) used
va is going
vacances : grandes vacances
  summer vacation
vais (I) am going
valise suitcase
variété variety
vas (you) are going
vas-tu are you going
veille night before
venait came
  venait juste had just
vendre to sell
vénéneux poisonous
venir to come
venue came (p.p.)
venues : allées et venues
  comings and goings
venus came (p.p.)
verrait would see
verras (you) will see
verre glass
vers to, towards
vert(e)(s) green
vêtements clothes
veut wants
veux (you) want

veux-tu do you want
veux-tu dire do you mean
vie life
vieille old
viendront (they) will come
**viens : qu'est-ce que je viens
faire là-dedans ?** what does
  that have to do with me?
vient comes
vieux old
ville city
visage face
visiter to visit
vite quickly, fast
vitesse : à toute vitesse at
  full speed
vivaient (they) lived
vivait lived
vivant alive
voie : se voie see each other
voilà there
voile sailing (noun)
voir to see
  **qu'est-ce tout cela avait à
  voir avec elle ?** what did
  all this have to do with her?
voiture car
voix voice
vol flight
volcan volcano
vomir to vomit
vont (they) are going
vont-ils : comment vont-ils ?
  how are they doing?
vos your
votre your
voudrais (you) would like to
  voudrais bien (you) would
  love to
voulaient (they) wanted
voulait wanted

voulu : aurait voulu être
 would have wanted to be,
 would rather have been
vous you
voyage trip
voyageait was traveling
voyager to travel
voyait saw
vrai true
vraiment really
vue saw (p.p.); view (noun)
y there
  il y a there is, there are
  il n'y aura pas there won't
  be
  qu'est-ce qu'il y a ? what is
  it?, what's up?, what's going
  on?, what's the matter?
yeux eyes
youppie yea!
zoologique : Parc
 Zoologique zoo

LES AUTEURS

Lisa Ray Turner est une romancière lauréate américaine qui écrit en langue anglaise. Sœur de Blaine Ray, elle enseigne la composition et la musique. Elle habite au Colorado.

Blaine Ray est le créateur de la méthodologie dite « TPR Storytelling ». Il est également l'auteur de divers matériaux pédagogiques essentiels à l'enseignement du français, espagnol, allemand, russe et anglais. Il enseigne cette méthodologie dans tout le monde. Tous ses articles sont disponibles à Blaine Ray Workshops (voir p. *i*).

THE AUTHORS

Lisa Ray Turner is a prize-winning American novelist who writes in English. She teaches writing and music and is the sister of Blaine Ray. She lives in Littleton, Colorado.

Blaine Ray is the creator of the language teaching method known as TPR Storytelling and author of numerous materials for teaching French, Spanish, German, Russian and English. He gives workshops on the method all over the world. All of his books, videos and materials are available from Blaine Ray Workshops (see page *i*).

L'ADAPTATRICE

Donna Tatum-Johns, qui a adapté *Où est passé Martin ?*, est née à Lexington dans l'état de Kentucky, où elle a fait ses études au lycée. Elle a étudié le français à L'Institut pour les Universités Américains à Avignon, qui est situé dans le sud de la France. Elle est professeur de français depuis 18 ans et elle a enseigné à une variété de niveaux : au collège, au lycée, et à l'université. Actuellement, Donna habite à Louisville dans le Kentucky, où elle est professeur de français à Kentucky Country Day School depuis huit ans. Elle habite avec son mari, Dean, et leurs deux enfants, Bailey et McKenzie.

THE ADAPTER

Donna Tatum-Johns, who adapted *Où est passé Martin ?* to French, was born and raised in Lexington, Kentucky. She studied French at L'Institut pour les Universités Américains in the south of France. She has been a French teacher for the past 18 years in both public and private schools at a variety of levels: middle school, high school and university. Donna now lives in Louisville, Kentucky, where she has taught French for the past eight years at Kentucky Country Day School. She lives with her husband, Dean, and their two daughters, Bailey and McKenzie.

L'ILLUSTRATEUR

Pol est un pseudonyme pour **Pablo Ortega López**, un illustrateur distingué qui a fait une longue carrière dans le dessin et l'illustration et qui a reçu de nombreux prix. Il travaille actuellement dans les dessins animés. Pol a fait le dessin sur la couverture du livre *Où est passé Martin ?* Pour information, consultez son website:

www.polanimation.com

THE ILLUSTRATOR

Pol is the pseudonym of **Pablo Ortega López**, a distinguished prize-winning Ecuadorian illustrator who has had a long career in drawing and illustration. He is currently working in animation. Pol created the drawing on the cover of *Où est passé Martin ?* For information, see his website:

www.polanimation.com

LES HISTOIRES

Par ordre de difficulté, en commençant par les plus faciles, les histoires de Lisa Ray Turner et Blaine Ray (et de Verónica Moscoso et Patricia Verano et de Magaly Rodríguez) traduites en français sont:

Niveau 1
A. Pauvre Anne*†^°# (de Blaine Ray seulement) CD ■ ♪
B. Fama va en Californie*†° CD (de Blaine Ray seulement)
C. Presque mort*†
D. Le Voyage de sa vie*†

Niveau 2
A. Ma voiture, à moi*†
B. Où est passé Martin ?*
C. Le Voyage perdu*
D. Vive le taureau !*

Niveau 3
Les Yeux de Carmen*° (de Verónica Moscoso)

* Les versions espagnoles dans le même ordre:
Berto y sus buenas ideas°1 (de Magaly Rodríguez)
Pobre Ana *†^°# CD ■ ♪
Pobre Ana: Edición bilingüe1
Patricia va a California *†° CD ■ ♪
Casi se muere *†° CD ■ ♪
Amigos detectives° (de Patricia Verano)
El viaje de su vida *† CD ■ ♪
Pobre Ana bailó tango°1 (de Patricia Verano, Verónica Moscoso et Blaine Ray)
Mi propio auto *† CD ■
¿Dónde está Eduardo? * CD ■
El viaje perdido * CD ■
¡Viva el toro! * CD ■ ♪
Los ojos de Carmen*° CD (de Verónica Moscoso)

Vida o muerte en el Cusco°1
En busca del monstruo (de Pablo Ortega López y Patricia Verano)

† Les versions allemandes déjà publiées:
Arme Anna ■ ♪
Petra reist nach Kalifornien
Fast stirbt er
Die Reise seines Lebens (Niveau 2)
Mein eigenes Auto

^ La version russe déjà publiée:
Бедная Аня

° Les versions anglaises déjà publiées:
Berto and His Good Ideas
Friendship Matters (de Victoria Warrior)
Poor Ana
Patricia Goes to California
He Almost Dies
Detective Friends
Poor Ana Dances the Tango
The Eyes of Carmen
Life or Death in Cusco

La version italienne déjà publiée:
Povera Anna

CD Il existe version CD audio.

■ Il existe version DVD film.

♪ Il existe CD de chansons de l'histoire.

....
1 N'existe pas encore en français.

To obtain copies of
Où est passé Martin ?
contact
Blaine Ray Workshops
or
Command Performance Language Institute
(see title page)
or
one of the distributors listed below.

DISTRIBUTORS
of Command Performance Language Institute Products

Sosnowski Language Resourses Pine, Colorado (800) 437-7161 www.sosnowskibooks.com	*Midwest European Publications* Skokie, Illinois (800) 277-4645 www.mep-eli.com	*World of Reading, Ltd.* Atlanta, Georgia (800) 729-3703 www.wor.com
Applause Learning Resources Roslyn, NY (800) APPLAUSE www.applauselearning.com	*Continental Book Co.* Denver, Colorado (303) 289-1761 www.continentalbook.com	*Delta Systems, Inc.* McHenry, Illinois (800) 323-8270 www.delta-systems.com
TPRS Nederland vof Broek in Waterland THE NETHERLANDS (31) 0612-329694 www.tprsnederland.com	*Taalleermethoden.nl* Ermelo, THE NETHERLANDS (31) 0341-551998 www.taalleermethoden.nl	*Adams Book Company* Brooklyn, NY (800) 221-0909 www.adamsbook.com
TPRS Publishing, Inc. Chandler, Arizona (800) TPR IS FUN = 877-4738 www.tprstorytelling.com	*Teacher's Discovery* Auburn Hills, Michigan (800) TEACHER www.teachersdiscovery.com	*MBS Textbook Exchange* Columbia, Missouri (800) 325-0530 www.mbsbooks.com
International Book Centre Shelby Township, Michigan (810) 879-8436 www.ibcbooks.com	*Carlex* Rochester, Michigan (800) 526-3768 www.carlexonline.com	*Tempo Bookstore* Washington, DC (202) 363-6683 Tempobookstore@yahoo.com
Follett School Solutions McHenry, IL 800-621-4272 www.follettschoolsolutions.com		*Piefke Trading* Selangor, MALAYSIA +60 163 141 089 www.piefke-trading.com